Kurt Tepperwein · Felix Aeschbacher

Jetzt erst recht!

AF302554

Kurt Tepperwein · Felix Aeschbacher

Jetzt erst recht!

Scheitern als Chance

2. Auflage
2020 © by IAW Anstalt, Vaduz
www.iadw.com

ISBN: 978-3-7526-8961-7

© 2006 im Ennsthaler Verlag, Steyr

Redaktionelle Mitarbeit: Klaus Jürgen Becker
Umschlaggestaltung: www.layart.li
Umschlagmotiv: ©pixabay.com

Herstellung und Verlag: BoD – Books on Demand, Norderstedt
Made in Germany
Internationale Akademie der Wissenschaften (IAW) Anstalt, FL-9490 Vaduz
Tel. +423/233 12 12, Fax +423/233 12 14

Inhaltsverzeichnis

Vorwort

Misserfolg, Versagen und Scheitern gehören zu den Schattenseiten des menschlichen Daseins. Wenn wir davon berührt werden, ist dies eindeutig unangenehm. Mit dem Schmerz des Scheiterns sind wir nicht alleine. Es gibt nahezu keinen Menschen, der nicht früher oder später von leidvollen Situationen betroffen ist.

Misserfolg, Versagen und Scheitern prüfen, wie tief unsere eigenen Lebenswurzeln im Urgrund des Seins verankert sind. Im Idealfall entdecken wir, dass unser Lebensbaum nicht »auf Sand gebaut ist«, sondern tief hinunterreicht bis zur Quelle allen Lebens und stürmischen wie auch kargen Zeiten standhält.

Haben wir unsere inneren Lebenswurzeln gefunden, erleben wir, dass Misserfolg, Versagen und Scheitern, so unangenehm sie sein mögen, in ihrem Windschatten auch Chancen und Geschenke mit sich führen, die es sich lohnt zu entdecken.

Das vorliegende Buch soll Ihnen helfen, eine gute Einstellung zum Thema Scheitern und Versagen zu gewinnen. Eine Einstellung, die inneren Frieden spendet, die Sinn aufscheinen lässt. Eine Einstellung, die es ermöglicht, auf Scheitern und Versagen eine schöpfungsgerechte, »stimmige« Antwort zu finden, die auch schwierige Situationen übersteht. Ziel ist:

- Die Lebenswurzeln zu vertiefen und festigen, sodass sie auch in widrigen Zeiten Ihren Lebensbaum gut nähren.
- Sich im Leben, mit allen Lebensereignissen und -situationen anzunehmen.
- Aus einem Ort des inneren Friedens, des tiefen Einverstandenseins Ihr Leben zu würdigen in Tuchfühlung mit den Kräften, welche die Welt im Innersten zusammenhalten.
- »Erfolgsmenschen« und »Versager« und vor allem sich selbst in einem breiten Lichtspektrum mit den Augen der Güte zu betrachten; Licht- und Schattenaspekte, fernab vom üblichen Schwarz-Weiß-Denken wertfrei wahrzunehmen – mit den Augen

eines Kunstkenners, der ein wertvolles Gemälde voller Farben und Schattierungen ansieht und die tiefere Bedeutung von innen heraus versteht.

- Schwierige Situationen und Umstände zu nutzen, um auf eine neue Evolutionsstufe des Bewusstseins durchzubrechen, die sich jenseits aller Polaritäten befindet, und aus innerem Frieden und in tiefem Einklang mit der Schöpfung zu leben.

Dies wird Ihnen eine neue innere und äußere Freiheit ermöglichen. Es wird sich Ihnen eine neue Tür öffnen, jenseits des Gefangenseins im eigenen Denken und Fühlen. Sie werden Respekt gewinnen vor der Größe und Unbegreiflichkeit der Schöpfung und all ihren Erscheinungsformen. In der Losgelöstheit von starren Vorstellungen werden Sie ganz nebenbei erleben, dass es Ihnen mehr und mehr gelingt, »angekommen« zu leben – in Einklang mit dem Hier und Jetzt, in Wertschätzung Ihrer Vergangenheit und in Zuversicht bezüglich Ihrer weiteren Entwicklung.

Sie hätten sich auch für eines der zahlreichen »Erfolgsbücher« entscheiden können – Bücher, die beschreiben, wie Sie binnen kürzester Zeit zum Millionär werden oder Ihren Traumpartner kennenlernen. Diese Fragen sind modern, aber beantworten nicht die Fragen, die sich vielleicht auch Ihnen in schwierigen Zeiten stellen:

- Was ist das tiefste – und zugleich höchste – Anliegen meines Daseins?
- Warum bin ich auf der Welt?
- Wo finde ich ein gutes Fundament, auch wenn Dinge nicht so gelaufen sind, wie ich es mir vorgestellt habe?

Um diese Lücke zu schließen, haben wir dieses Buch geschrieben, das nun in Ihren Händen liegt.

Die Tatsache, dass Sie sich für dieses Buch entschieden haben, lässt vermuten, dass Sie nicht vor Herausforderungen weglaufen und sie auch nicht verdrängen möchten. Ihr Wesen hat Sehnsucht danach, sich aus der eigenen Herzenstiefe und Authentizität heraus in die Schöpfung einzubringen. Dieses Sehnen gilt nicht mehr dem oberflächlichen Glück. Es sucht vielmehr eine motivierende und dauerhaft lohnenswerte Verwurzelung in der Tiefe allen Seins, eine Daseinsform, die das Selbstverständnis von Gut–Schlecht, Richtig–Falsch, Gut–Böse übersteigt. Es erreicht eine über das bisherige Verständnis hinausgehende Existenzform.

Ein gutes Beispiel für den Zusammenhang von Versagen, Scheitern, Misserfolg und neuer Daseinsform ist das Samenkorn. Ein Samenkorn kommt mit Wasser in Kontakt; es quillt, wird porös, irgendwann platzt es auf und sprengt seine Schale. Jetzt könnte man sagen: Das Samenkorn hat versagt, es hat dem Einfluss des Wassers nicht standhalten können.

Eine umfassendere Perspektive lässt erkennen, dass im Sprengen der Schale der Raum frei wurde für den zarten Spross der im Samenkorn verborgenen Pflanze. Durch das »Scheitern« des Samenkorns konnte das, was im Innersten verborgen war, erst zu seiner Bestimmung gelangen.

Wir können das Samenkorn auch mit dem menschlichen Herzen vergleichen. Wenn wir erlauben, dass Misserfolg, Versagen und Scheitern die harte Schale aufweichen, die unser »hautverkapseltes Ich« umschließt, können durch unser Herz Mitgefühl und Allverbundenheit sprießen. (Der Begriff »hautverkapseltes Ich« wurde vom englischen Philosophen Alan Watts geprägt, siehe dessen Buch »Die Illusion des Ich«, Goldmann Verlag, 2005.) Wir werden offen für einen Beitrag an die Welt, der unser »kleines Ich« übersteigt, und wir lernen, unser eigenes Dasein in einem größeren Zusammenhang zu sehen.

Sobald wir dies tun, machen wir die Erfahrung, dass es eine gewaltige Kraft gibt, die in tiefer Fürsorge für jeden einzelnen Menschen existiert, die jeden einzelnen Menschen bereit ist zu tragen, wie das Fangnetz des Zirkusakrobaten oder das Seil eines Bergsteigers.

Sie können diese Kraft »Existenz«, »Mutter Erde«, »Göttliche Mutter«, »Lebenskraft« oder auch schlichtweg »Gott« nennen. Wie immer Sie diese Kraft bezeichnen mögen: Die Erfahrung zeigt, dass sie existiert und hochintelligent ist. Diese universelle Kraft versteht Ihre tiefsten Bedürfnisse besser als Sie selbst.

Um sich von dieser Kraft getragen zu fühlen, ist es nicht notwendig, besonders »heilig« oder spirituell zu sein. Es genügt, die eigenen Selbstzweifel und Selbstbeschuldigungen aufzugeben und frei vom »Wahn des Ich« mit dieser Kraft zu kooperieren. Wenn Sie dies tun, beginnen Sie bereits, sich für diese neue Existenzform zu öffnen.

Mit diesem Buch möchten wir Sie zu einem Hinbewegen in diese umfassendere Existenzform einladen. Misserfolg, Versagen und Scheitern sollen ihren Schrecken verlieren und als Nährboden für die eigene seelische Entwicklung erkannt und genutzt werden können, vergleichbar dem »Mist«, der, richtig eingesetzt, als »Dünger« für eine segensreiche Zukunft dient.

Was wir Ihnen nicht versprechen können ist, dass Sie nach der Lektüre dieses Buches nie mehr scheitern werden. Ein solches Versprechen wäre unlauter und würde lediglich Störgefühle nähren. Doch wenn Sie dieses Buch zu Ende gelesen und die darin befindlichen Übungen umgesetzt haben, werden Sie »ein anderer bzw. eine andere« geworden sein. Sie werden sich selbst und anderen Menschen mitfühlender begegnen und Scheitern und Versagen in einem neuen Licht sehen. Dadurch können Sie anderen – und auch sich selbst – das sein, was in schwierigen Situationen am dringendsten gebraucht wird: Ein guter Freund und Wegbegleiter.

So ein Freund und Wegbegleiter in guten wie in schwierigen Zeiten möchten wir, möchte auch dieses Buch für Sie sein.

Mögen Sie Ihren wertvollen Beitrag an die Welt erkennen und ihn auf eine erfüllende Art und Weise (er-)leben.

Mit besten Wünschen!

Misserfolg, Scheitern, Versagen – na und?

Die Angst vor dem Scheitern ist weit verbreitet. Viele Menschen sind so sehr in ihrer Angst gefangen, dass sie sich nicht trauen, ihre Träume zu verwirklichen, z. B. ein Buch zu schreiben, eine Weltreise zu beginnen oder ein neues Kleid zu schneidern. Sie hadern mit Fehlentscheidungen, die sie einmal getroffen haben, und trauen sich kaum einzugestehen, dass sie ein Projekt oder gar einen ganzen Lebensabschnitt in den Sand gesetzt haben. Auf der einen Seite hat die Fehlerintoleranz etwas Gutes: Man stellt sich vor, was schiefgehen könnte, und versucht im Vorfeld dieses zu verhindern.

Auf der anderen Seite führt die Fehlerintoleranz aber auch zum Vertuschen von Fehlern – der Versager quält sich mit Selbstvorwürfen, Schamgefühlen und hofft, dass er nicht entdeckt wird.

Bei öffentlichen Auftritten ist das Vertuschen von Fehlern nicht möglich – deshalb sind diese ganz besondere Stressoren. Mittlerweile gibt es sogar eine Lampenfieberambulanz[1] für Menschen, die Angst davor haben, bei ihren Auftritten zu versagen. Menschen, die auf der Bühne blanke Todesangst erleben, beim kleinsten Fehler in Panik geraten, ihre Angst mit Alkohol betäuben oder sich gar vor den Auftritten übergeben müssen.

Scheitern wird immer noch als Bedrohung des Selbstwertes erlebt. Je mehr man sich mit dem Selbstbild eines Erfolgsmenschen identifiziert, umso schmerzhafter wird der Misserfolg erlebt.

Zwar heißt es, dass der Mensch aus Fehlern klug wird, doch Fehler machen möchte keiner. Deshalb leugnen wir unser Scheitern so

---

1 Dieser Ausdruck stammt von der deutschen Psychiaterin Déirdre Mahkorn, http://www.praxis-mahkorn-klick.de/philosophie/

gerne. Haben wir Erfolg, schreiben wir ihn gerne uns selbst zu. Hat es nicht geklappt, dann lag es an den Umständen, an der Konkurrenz oder der Wirtschaftslage. Doch wie können wir aus Fehlern lernen, wenn wir uns unsere Niederlagen nicht eingestehen?

Damit wir an Niederlagen wachsen, müssen wir lernen, mit Misserfolgen, Versagen und Scheitern souverän umzugehen und ein wertschätzendes Bewusstsein für die eigenen Schwächen und Fehltritte zu entwickeln. Und – mehr noch – eine Bewusstseinsstufe zu erreichen, die sich wie aus der Vogelperspektive über das Gefangensein in menschlichen Bewertungen und Beklemmungen erhebt.

Mit positiver Einstellung Schwierigkeiten meistern
Viele Menschen, die scheitern, fühlen sich vom Leben gehandicapt. Vielleicht erleben Sie selbst auch persönliche Unzulänglichkeiten, Schwächen oder körperliche Beeinträchtigungen und fragen sich, warum Sie es schwerer haben als andere. Wir möchten Ihnen zwei Bilder mit auf den Weg geben, die Ihnen helfen können, zu herausfordernden Situationen, Schwierigkeiten, Behinderungen und Handicaps eine gute Haltung zu gewinnen:

- Beim Golf treten oftmals Spieler unterschiedlicher Qualität auf dem gleichen Platz an. Damit ein Wettbewerb »auf Augenhöhe« möglich ist, erhalten die guten Spieler ein Handicap. Beim Golf ist das Handicap, vereinfacht definiert, eine Kennzahl, die die ungefähre Spielstärke des Golfers beschreibt. Sie ergibt sich aus der Differenz der Schläge, die zum Beenden eines Platzes benötigt werden, zum Par des Platzes (in der Regel 72). Wenn Sie also im Leben mit starken Behinderungen konfrontiert werden, versuchen Sie diese doch einmal als Kompliment des Schicksals an Ihr seelisches Potenzial zu betrachten.
- Die Aussicht von einem hohen Berggipfel ins Tal ist oft atemberaubend. Viele Touristen lassen sich von der Bergseilbahn oder gar einem Hubschrauber auf einen Gipfel bringen, um das Panorama zu genießen. Andere jedoch erklimmen einen Berg Schritt

für Schritt, besonders Sportliche sogar von seiner am schwersten zugänglichen Seite aus. Das Gefühl, so einen schwierigen Weg bestiegen zu haben, stärkt das Vertrauen in die eigene Kraft. Wenn Sie im Leben einmal das Gefühl haben, dass Sie sich Ihren Lebensweg Schritt für Schritt erarbeiten müssen und es auch schwierige und steile Passagen gibt, dann denken Sie doch einmal an das Bild vom Berggipfel und nehmen Sie die Herausforderung an.

Ein Mensch schaut in der Zeit zurück
und sieht: Sein Unglück war sein Glück!
(Eugen Roth)

Erfolg ist relativ

Die moderne Spaßgesellschaft bietet uns »Brot und Spiele«, vorausgesetzt, dass wir im Rahmen vorgegebener Normen optimal »funktionieren«. So ähnelt unser Leben inmitten eines sich immer schneller drehenden Weltengetriebes eher einem Hunderennen als einer erfüllten Work-Life-Balance.

Der heutige Leistungsträger will Erfolg haben und dies möglichst schnell und möglichst viel. Jeden Werktag stehen diese Menschen auf, um sich an diesem »Hunderennen« zu beteiligen. Sie vergessen dabei innezuhalten und sich damit auseinanderzusetzen, was der Sinn und das Ziel ihrer Reise sind.

Fahren Sie mich irgendwohin,
ich werde überall gebraucht!
(Ein hektischer Mann zum Taxifahrer)

Oft erst nach vielen Ent-Täuschungen (= Befreiung von Täuschungen) verändern sich die Fragen des Menschen an das Leben. Es geht dann mehr um Erfüllung, Lebenssinn, tieferes Glück und die Entwicklung des eigenen Bewusstseins.

Die Hinwendung des Menschen zu sich selbst wirft die Frage auf, ob Erfolg nicht auch ganz anders verstanden werden kann, auf einer tieferen und vor allem dauerhaften Ebene. Nämlich dann, wenn die eigene Herzensqualität erwacht und er sein Herz für das öffnen kann, was aus seinem ureigensten Anliegen heraus durch ihn in die Welt kommen möchte.

Viele Menschen verwenden die Begriffe Misserfolg, Versagen und Scheitern plakativ und bewertend, ohne sich Gedanken darüber zu machen, was sie eigentlich damit meinen. Gewinnen wir zu Beginn dieses Buches erst einmal ein wenig philosophischen Abstand von der eigenen Lebenssituation und nutzen diesen gleich zu einer ressourcenspendenden Neubewertung.

Erfolg, was ist das eigentlich?

Erfolg bedeutet wörtlich »die Folge von etwas«, d. h. der Verlauf eines Projekts, einer Situation, und ist völlig wertfrei zu verstehen. Wir finden die ursprüngliche wertneutrale Sprachverwendung beispielsweise in der Psychosomatik; dort wird eine erkrankte Körperstelle als »Erfolgsorgan« bezeichnet, weil an ihr das Leiden »erfolgt«.

Erst mit der Industrialisierung in der Gründerzeit (letztes Viertel des 19. Jahrhunderts) wurde der Erfolgsbegriff wertend verwendet, im Sinne von Sieg, Glück oder Gelingen. Dies hängt damit zusammen, dass sich zu dieser Zeit immer mehr das mechanistische (»logische«) Weltbild durchsetzte, in welchem die »Folgerichtigkeit« als hohes Ideal galt.

Mitte des 20. Jahrhunderts wurden »Erfolgsreligionen« Kult: Mittels Affirmationen, Ritualen, Zeremonien, Gebeten, die denen einer Religion ähneln, wurde der Glaube an die methodische Machbarkeit und Herstellbarkeit von materiellem Erfolg zum geistigen Gesetz erhoben. Einige schafften mittels der Erfolgssysteme den Sprung zum Millionär. Zurück blieben jedoch auch Menschen, die sich angesichts der proklamierten Erfolgsaussichten nun in besonderem Maße als Versager und Gescheiterte fühlten.

Die nachfolgenden Kapitel zeigen anhand zahlreicher Biografien, dass die Grenzen zwischen Erfolg und Misserfolg fließend und meist schwer definierbar sind. Lassen Sie uns gemeinsam das Schwarz-Weiß-Denken übersteigen und beginnen, das Leben weniger polar, dafür farbiger zu verstehen. Dies hilft uns, geistig im (Lebens-)Fluss zu bleiben, stets zu Veränderungen bereit, ohne uns selbst oder andere abzustempeln oder – im Erfolgsfall – andere zu glorifizieren.

> *Die größten Veränderungen auf der Welt*
> *sind von Halbwahnsinnigen bewirkt worden.*
>
> (Johann Gottfried Herder, 1794)

Erfolgs-Deklarationen

Sie bezeichnen Ergebnisse auch dann als Erfolg, wenn man dieses niemals als Ziel gehabt hat. Solche Lügengebäude sind ein unliebsames Nebenprodukt des Machbarkeitswahns und treten oftmals begleitet von Narzissmus, Größenwahn, Uneinsichtigkeit, fehlender Demut und krankhafter Grandiosität auf.

Wie oft erlebte jemand Erfolg aus reiner Gnade heraus, stellte sich später auf ein Podest und behauptete, es sei allein seiner eigenen Großartigkeit zu verdanken gewesen, dass alles so gut geklappt habe.

Das folgende Biografie-Beispiel zeigt, dass Erfolgs-Deklarationen oftmals »unwissend« geschehen. Der hier dargestellte und heute immer noch verehrte »Angeber« litt offensichtlich an Egozentrik, mangelnder Ethik, Fehlwahrnehmung und Selbstüberschätzung.

Christoph Kolumbus – die Entdeckung Amerikas

Im 15. Jahrhundert stritten Portugal und Spanien um die Vorherrschaft im Seeweg nach Indien und Las Indias, wie damals die Regionen »hinter Indien« bezeichnet wurden (z. B. China und Japan). Indien galt als begehrte Quelle kostbarer Bodenschätze und exotischer Gewürze.

Christoph Kolumbus, der Sohn eines einfachen Wollwebers, träumte davon, Vizekönig einer reichen Kolonie im Fernen Osten zu werden, würde es ihm nur gelingen, einen alternativen Seeweg – nach Westen statt nach Osten – zu finden. Er studierte die Weltkarten und kam zu dem Schluss, dass er Indien erreichen könne, wenn er 5000 Meilen nach Westen segeln würde – eine Entfernung, für welche die damaligen Schiffe gerade ausgelegt waren.

Nach zahlreichen vergeblichen Versuchen, Mentoren und Geldgeber zu finden, gelang es ihm endlich, das spanische Königspaar von seinem Vorhaben zu überzeugen. Kolumbus segelte gen Westen und tatsächlich, am 12. Oktober 1492, stieß er auf Festland. Dieser Reise folgten drei weitere Entdeckungsfahrten gen Westen im Auftrag der spanischen Krone.

Der Ruhm, den Kolumbus einheimste, steht jedoch – bei Licht betrachtet – auf wackeligen Beinen. Bekannt sind die Gräueltaten, welche die Mannschaft von Kolumbus und die weiteren, nach ihm in Amerika einfallenden Spanier an den Indianern verübten: Massenmorde, Verbrennungen, Vergewaltigungen und Versklavungen.[2] Im karibischen Raum sorgten die Ankunft von Kolumbus und die durch seine Leute eingeschleppten Krankheiten für ein Massensterben.

Aus den Aufzeichnungen des Kolumbus lässt sich erkennen, dass seine Gier nach Reichtum seinen Erlebnisdrang um ein Vielfaches übertraf. Noch bis vor wenigen Jahren wurde in den USA die Ankunft des Kolumbus groß gefeiert – dort galt er als »erster Amerikaner«, der mutig die Grundlagen für die Kolonisierung Amerikas gelegt hatte.

Kolumbus glaubte bis an sein Lebensende, auf seinen Reisen an der Ostküste von Japan oder China gelandet zu sein. Seine Berechnungen waren falsch. Die ersehnten Bodenschätze, Gewürze und Goldvorräte hat er nicht entdeckt. Er war auch nicht der Entdecker Amerikas: Bereits Jahrtausende vor Kolumbus wurde der Kontinent über die sogenannte Beringbrücke von Asien aus besiedelt.

2 Siehe dazu die Aufzeichnungen des Dominikanermönchs Bartolomé de Las Casas in seinem »Kurzbericht von der Verwüstung Westindiens« (1542). Er lebte von 1512 bis 1547 im damaligen Spanisch-Amerika

Den Isländern war bereits 500 Jahre vor Kolumbus durch den Entdecker Leif Eriksson das heutige Amerika bekannt. Der einzige Grund, warum Kolumbus als Entdecker Amerikas galt war, dass auf seine Berichte hin eine massive Besiedelung Amerikas durch die Weißen erfolgte.

Erst der Seefahrer Amerigo Vespucci (1451–1512) aus Florenz erkannte, dass es sich bei Amerika um einen separaten Kontinent handelte. Der Doppel-Kontinent wurde schließlich nach ihm benannt.

Fazit: Die Dinge sind oftmals nicht so, wie sie zu sein scheinen. Lassen Sie sich nicht von Erfolgs-Deklarationen anderer Menschen blenden oder irreführen.

Auch im Beschreiben Ihrer eigenen Erfolge sollten Sie sich nicht wie das »Tapfere Schneiderlein« verhalten, sondern ehrlich und authentisch sein. Dies bedeutet: nicht übertreiben, nicht untertreiben und auch nicht irreführen – sonst verlieren Sie die Kongruenz, Authentizität und Achtung vor sich selbst. Nur so können Sie vor der »einen« Kraft – und vor sich selbst – bestehen.

Scheinerfolge

Diese werden zunächst als Siege wahrgenommen, erweisen sich aber später als ungünstig. Hierzu zählen beispielsweise die Schicksale vieler Lottomillionäre, die oft nur kurzfristig glücklich und wohlhabend sind, oder auch der berühmte Pyrrhussieg.

König Pyrrhos I. von Epirus (318–272 v. Chr.) kämpfte 279 v. Chr. in der Schlacht bei Asculum (Süditalien) gegen die Römer. Er gewann zwar den Krieg, aber ging ebenso geschwächt wie sein Feind aus dem Kampf hervor.

Firmen oder Menschen, die auf den schnellen Vorteil bedacht sind, verbuchen oft Scheinerfolge. »Erfolg um jeden Preis« erweist sich immer wieder als Bumerang. Es gibt viele Beispiele für Pyrrhussiege in allen Sparten – Politik, Wirtschaft und auch im Sport.

Ein Beispiel: Außergewöhnlich war der dritte Boxkampf des damaligen Schwergewichts-Weltmeisters Muhammad Ali gegen seinen

Herausforderer Joe Frazier im Oktober 1975 in Manila. Er wurde wegen der optimalen – abendlichen – TV-Sendezeit in den USA vormittags bei 40 Grad Celsius ausgetragen und gilt bis heute als einer der besten Schwergewichtskämpfe überhaupt. Die mit großer Intensität geführte Auseinandersetzung nahm einen dramatischen Verlauf. Ali gewann zwar nach 14 Runden durch Abbruch, erlitt aber direkt danach einen Kreislaufzusammenbruch. Weder er noch Frazier konnten je wieder an das gezeigte Leistungsniveau anknüpfen. Ali sagte später, dass sie beide den Ring als junge Männer betreten und als gealterte Greise verlassen hätten.

Menschen, die zu Workaholics werden, Männer, welche noch im hohen Alter mittels Viagra ihre »Standfestigkeit« beweisen müssen, und Sportler, die auf dem Turnierplatz sterben, weil sie nicht aufgeben wollen, sind weitere Beispiele für Scheinerfolge.

Hierzu einige Tipps:
- Wenn Ihnen Ihr Orthopäde rät, mit dem Joggen aufzuhören, steigen Sie um auf Radfahren.
- Wenn Ihr Herz keine wilde Sexualität mehr verträgt, beginnen Sie mit sanftem Liebemachen, z. B. Tantra.
- Wenn Ihr Beruf Sie auf eine ungesunde Art und Weise stresst, delegieren Sie; steigern Sie Ihre Effektivität, treten Sie zurück und kümmern Sie sich nur um das, was wichtig ist. Hier können Sie sich getrost ein Beispiel am Igel aus dem Märchen »Der Hase und der Igel« nehmen.
- Suchen Sie Win-win-Situationen. Wo es keinen Verlierer gibt, gibt es meist auch keinen Pyrrhussieg.

Teilerfolge

Teilerfolge haben zur Erreichung großer Erfolge beigetragen. Sie werden viel zu oft vergessen, auch von uns selber. Es ist deshalb auf dem Weg zu Ihrem Erfolg wichtig, sich Ihre Teilerfolge bewusst zu machen.

Thomas Alva Edison (1847–1931) brauchte rund 2000 »vergebliche« Anläufe, bis er den ersten Kohlefaden in einer Lampe zum Leuchten bringen konnte. Edison kommentierte seine Fehlversuche trocken mit dem Satz: »Ein Misserfolg war es nicht. Denn wenigstens kennt man jetzt 2000 Arten, wie ein Kohlefaden nicht zum Leuchten gebracht werden kann.«[3]

Für Edison waren seine »vergeblichen« Versuche lediglich Teilerfolge. Einer der Versuche endete erfolgreich, die Glühbirne war erfunden und die Welt wurde erleuchtet, zumindest äußerlich.

Übung
Machen Sie sich einmal die kleinen Teilerfolge in Ihrem Leben bewusst. Hierzu zählen insbesondere all die Erkenntnisse, die Sie darüber gesammelt haben, »wie es nicht geht«. Inwieweit könnten die scheinbaren Fehlschläge zugleich Teilerfolge auf dem Weg zu einem größeren Ziel gewesen sein?

Ich bin nicht gescheitert,
ich bin gescheiter geworden!
(Volksmund)

Achtungserfolge – von Sparta bis Rocky Balboa
Achtungserfolge sind zwar faktisch Niederlagen, zugleich jedoch auch »Siege über sich selbst«. Hierzu einige Beispiele aus der Geschichte:

• Die Schlacht bei den Thermopylen (480 v. Chr.), welche die zahlenmäßig unterlegenen spartanischen Krieger gegen die Perser zwar verloren, die aber den Ruhm Spartas begründete, ist legendär. Ein Gedenkspruch erinnert an diese ethische Haltung:

3 Siehe Gedenktafel der »Galerie des Scheiterns« in der Ausstellung der dualen Hochschule Baden-Württemberg, Karlsruhe, Sommer 2015, https://www.dhbw-karlsruhe.de/nc/allgemein/newssingle/article/wissenschaftsfestival-effekte-2015-6/

»Wanderer, kommst du nach Sparta, verkündige dorten, du habest uns hier liegen gesehn, wie das Gesetz es befahl.«[4]

- Rocky Balboa, als Filmfigur ein Underdog, der als Boxer gegen den amtierenden Weltmeister verliert, es jedoch schafft, nicht k.o. zu gehen und deshalb gefeiert wird. Er gilt als ein Modell für Achtungserfolg im Boxsport.
- Claus Schenk Graf von Stauffenberg (1907 1944) ist ein besonderes Beispiel für Achtungserfolg. Das von ihm geplante Hitler-Attentat erwies sich als Fehlschlag, Stauffenberg wurde standrechtlich erschossen, jedoch posthum zu einer Symbolfigur für politisch gerechtfertigten Widerstand.
- Einen Achtungserfolg erzielte auch Sophie Scholl bei ihrem Prozess vor dem Volksgerichtshof (1943). Sowohl Scholl als auch ihr Verbündeter Christoph Probst standen vor Richter Roland Freisler, nachdem ihr ziviler Widerstand gegen das Hitlerregime gescheitert war. Während Sophie Scholl ihre Tat mit den Worten rechtfertigte »Bald werden Sie hier stehen, wo ich jetzt stehe«[5], vollzog Christoph Probst vor dem Richter eine moralische Kehrtwende. Beide wurden zum Tod verurteilt, aber Sophie Scholl konnte ihren Achtungserfolg, das Bestehen vor sich selbst, in den Tod hinein mitnehmen.
- Dominik Florian Brunner (1959–2009) steht für einen Achtungserfolg in Verbindung mit Zivilcourage. Er stellte sich an der S-Bahnhof-Station Donnersbergerbrücke in München vor vier Schüler, die von Jugendlichen bedroht und geschlagen wurden. Er wurde von diesen Jugendlichen zu Tode geprügelt. Brunner scheiterte in der Absicht, sich gegen die Schläger durchzusetzen, sorgte aber dafür, dass die vier Schüler geschützt wurden.

Nicht die Kämpfe, die wir verlieren, sondern die Kämpfe,
die wir gar nicht führen, sind unsere Niederlagen.

(Unbekannt)

4 Friedrich Schiller, Der Spaziergang, Schillers sämtliche Werke, Erster Band,
   Cotta'sche Buchhandlung, Stuttgart, 1873, S. 205 ff.
5 Zitat aus dem Film: Sophie Scholl – Die letzten Tage, Warner Home Video, DVD 2005,
   https://de.wikiquote.org/wiki/Sophie_Scholl_%E2%80%93_Die_letzten_Tage

Im Gegensatz zu Erfolgen, die von äußeren Faktoren abhängig sind, können Achtungserfolge unabhängig sein vom Ausgang der Situation. Es gibt einen »äußeren« Achtungserfolg (nachträgliche äußere Anerkennung) und einen »inneren« Achtungserfolg (Bestehen gegenüber sich selbst). Hierbei ist der innere Achtungserfolg der wichtigere von beiden, da er nur von uns selbst abhängt.

Einen inneren Achtungserfolg erringen wir dort, wo wir uns in einer schwierigen Situation einer Herausforderung stellen und dabei vor uns selbst bestehen. Ebenso wenn wir die Bereitschaft und Umsetzungskraft aufbringen, nach eigenem Gewissen und Vermögen unser Bestes zu geben.

Gerade dort, wo wir unser Vorhaben nicht erreichen konnten, obwohl wir nach eigenen Maßstäben unser Bestes gegeben haben, ist es für den Selbstwert wichtig, unseren Achtungserfolg zu spüren und innerlich zu verbuchen.

Wann und wo haben Sie sich für Ihre innersten Werte entschieden, auch wenn es Ihnen vielleicht schwerfiel oder Sie dafür Nachteile in Kauf nehmen mussten?

Übung

Machen Sie sich eine Situation bewusst, in der Sie Ihr Bestes gegeben, d. h. vor sich selbst bestanden haben. Dies kann auf ethischem, sportlichem, beruflichen oder privatem Gebiet sein. Führen Sie sich noch einmal die Situation vor Augen. Dann schauen Sie in den Spiegel und sagen Sie zu sich selbst: »Peter (falls Sie Peter heißen), ich ehre dich dafür, dass du … (die Sache, in der Sie vor sich selbst bestanden haben)!« Spüren Sie, wie sich dadurch Ihr Selbstwert und Ihre Befindlichkeit positiv verändern.

Ein Mensch lernt wenig von seinem Siege,
aber viel von seiner Niederlage.

(Aus Japan)

Erfolg in einem neuen Licht sehen

Wie wir im Abschnitt über Achtungserfolge erfahren haben: Das Leben ist kein Fußballspiel, bei dem nur die Tore, die äußeren Ergebnisse, zählen. Wir möchten Ihnen an dieser Stelle Erfolgs-Definitionen anbieten, die Ihnen helfen können, sich selbst und Ihr Leben unabhängig von der allgemeinen Norm zu beurteilen:

- Erfolg ist das, was auf Basis eigener Werte als positiv beurteilt wird.
- Erfolg ist jeder konstruktive Beitrag, den Sie gegenüber dem großen Ganzen leisten, unabhängig davon, ob Sie dafür einen profitablen Rückfluss erhalten oder nicht.
- Jedes Mal, wenn Sie aufgrund Ihrer Werte handeln, selbst dann, wenn Sie Nachteile dadurch haben sollten, erzielen Sie einen Erfolg vor sich selbst.
- Auch dann, wenn Sie sich darum bemühen, so authentisch wie möglich zu leben und Ihrer Berufung zu folgen (was immer diese sein mag), leisten Sie erfolgreich einen Beitrag an die Welt.

Übung

Halten Sie einmal kurz inne. Fragen Sie sich:

- Was könnte Ihr Beitrag an die Welt sein, den Sie alleine dadurch leisten, dass Sie so sind, wie Sie sind?
- Für wen hat Ihr Dasein eine positive Bedeutung? Was glauben Sie erhält dieser andere Mensch bzw. das andere Lebewesen durch Sie?
- Wann und wo haben Menschen von Ihrem eigenen »So-Sein« profitiert, sind durch Ihr Wirken oder Dasein glücklicher geworden? Notieren Sie mindestens drei Beispiele.
- Gibt es »kleine Siege« in Ihrem Bestreben, Ihre eigenen Werte zu leben? Worin liegen sie? Machen Sie sich diese bewusst!
- Gibt es einen Menschen, dessen Leben Sie noch am heutigen Tag durch Ihr Wirken oder Dasein bereichern können? – Manchmal ist es allein ein Lächeln oder ein liebes Wort, das Glück in das Leben eines anderen zaubern kann.

Immer ist Niederlage im Sieg und Sieg in der Niederlage.
(Wu Cheng'en, um 1500–1582, chinesischer Schriftsteller)

Misserfolg – eine Maske für Erfolg?

Das Nichteintreten einer beabsichtigten Wirkung, das unerwünschte Ergebnis einer Bemühung wird gemeinhin als Misserfolg abgestempelt.

Leider gibt es viele Menschen, die auf eine nahezu krankhafte Weise ihr ganzes Leben als Misserfolg betrachten, nur weil in ihrem Leben anderes geschieht, als sie sich vorgestellt haben. Menschen, die sich beispielsweise als finanziell schwach gestellt, gesellschaftlich unbedeutend, körperlich krank, unattraktiv, beruflich oder beziehungsmäßig unerfüllt erleben. Wenn jemand Misserfolg persönlich nimmt, dann hat jede weitere Herausforderung das Potenzial, ihn zutiefst in seinem Selbstwert zu erschüttern. Da ist es nur logisch, dass er zukünftigen Herausforderungen lieber aus dem Weg geht.

Ist es nicht merkwürdig, dass wir ein Ereignis oder gar ein ganzes Leben als Misserfolg bezeichnen, nur weil sich nicht alles so entwickelt, wie wir es uns vorgestellt haben?

Es ist ein offenes Geheimnis: Das Leben braucht den Misserfolg ebenso wie den Erfolg, um zu wachsen, zu reifen und sich zu vollenden. Erkannter Misserfolg ist ein wertvoller Beitrag zur Steigerung der Überlebensfähigkeit eines natürlichen, sozialen oder künstlichen Systems.

Es ist der Misserfolg, der zum Verändern und Neuausrichten anregt. Der Misserfolg ist die Tür, durch die der Mensch das Gefängnis des Gewohnten verlassen und zu ungeahnten Dimensionen aufbrechen kann.

Manche Menschen meinen, Misserfolge beruhten auf »Fehlern« und man müsse aus ihnen lernen. Auch dies ist nur bedingt richtig. Misserfolg kann eine Chance zum Lernen sein – oder auch nicht. Manchmal ereignen sich auch Misserfolge, obwohl man alles richtig gemacht hat. Oft muss man einen Misserfolg einfach im Raum stehen lassen. Alleine im Eingeständnis »Das hatte ich mir anders vorgestellt« schwingt bereits die erleichternde Ehrlichkeit sich selbst gegenüber mit.

Misserfolg und Disstress

Während Erfolg Glücksgefühle fördert, löst Misserfolg Disstress aus, oft begleitet von Demotivation und Frustration. Die bisherige »Erfolgsstrategie« wird dann meist dogmatisch-engstirnig verteidigt oder ängstlich vermieden.

Die allgemein üblichen Selbstbestrafungsmechanismen angesichts von Misserfolgen sind leider (noch) tief im kollektiven Unbewussten verankert und versperren den Blick für angelegte Potenziale. Der Erfolglose versucht vergeblich, innerhalb vorgegebener Normen zu funktionieren und einigermaßen schmerzfrei zu überleben. Er begibt sich dadurch in ein kollektiv gestütztes Denkgefängnis und übersieht oft die Chancen und Wege, die er durch eine Veränderung seines Bewusstseins erkunden könnte.

So wie bei der Zeugung der »physische Lebensimpuls« über die Gene weitergegeben wird, so wartet das Leben auch darauf, dass Sie geistig-seelisch Ihren Lebensimpuls weitergeben, indem Sie Ihren innersten Werten gemäß leben und »sich selbst« in die Welt einbringen, die Sie umgibt.

Wir möchten Sie dazu einladen, Ihr Leben befreit und schöpferisch zu leben, unabhängig von Erfolg und Misserfolg. Das bedeutet, nichts zu verdrängen, nichts abzuspalten, sondern über Denk-Gefängnisse hinauszugehen und Ihr ureigenes Lied in der Schöpfung zu hinterlassen – so gut es Ihnen möglich ist. Um Sie darin zu unterstützen, werden wir Ihnen im späteren Verlauf dieses Buches wertvolle Bewusstseinsinstrumente in die Hand geben.

Erfolg kann auch eine wilde Maske für Misserfolg und Misserfolg eine noch unentdeckte Maske für Erfolg sein. Im nachfolgenden Kapitel wollen wir uns daran erinnern, dass viele der bedeutenden Erfindungen, von denen wir heute profitieren, auf »Misserfolgen« beruhen.

Die Welt ist nicht da, um verbessert zu werden. Auch ihr seid nicht da, um verbessert zu werden. Ihr seid aber da, um ihr selbst zu sein. Ihr seid da, damit die Welt um diesen Klang, um diesen Ton, um diesen Schatten reicher sei. Sei du selbst, so ist die Welt reich und schön! Sei nicht du selbst, sei Lügner und Feigling, so ist die Welt arm und scheint der Verbesserung bedürftig.[6]

6 Hermann Hesse, Gesammelte Werke, Bd. 10: Gedenkblätter. Betrachtungen. Werkausgabe Edition Suhrkamp 1970, S. 473

Bekannte Misserfolge, die zu Erfindungen und Entdeckungen führten

Frank Epperson – Eis am Stiel

Kleine Missgeschicke in der Kindheit können die Basis für populäre Erfindungen im Erwachsenenalter werden. So ergeht es dem elfjährigen Frank Epperson im Jahr 1905, als er ein Glas Limonade mitsamt Löffel auf der Veranda vergisst. Am nächsten Morgen entdeckt er, dass sich die Limonade nicht trinken lässt, da sie mitsamt dem Löffel gefroren ist. Frank zieht an dem Löffel und hat auf einmal eine ganze Rolle »Wassereis« in der Hand. Er kommt auf den ungewöhnlichen Gedanken, den Löffel zum Halten des Wassereises zu gebrauchen und genießt es, die gefrorene Limonade zu schlecken. 18 Jahre später, im Jahr 1923, erinnert sich Frank, mittlerweile Hersteller von Limonaden, an sein Kindheitserlebnis und meldet seine Entdeckung unter dem Namen »Eppisicle Ice Popp« zum Patent an. »Eis am Stiel« wurde zum Millionenerfolg und zum Synonym für eine ganze Generation.

Was wir von Frank Epperson lernen können: Der »Geist eines Kindes« ist noch frei von starren Normen und experimentierfreudig.

Übung

Reflektieren Sie doch einmal: Vielleicht ist auch Ihnen in der Kindheit ein Missgeschick widerfahren, von dem Sie heute profitieren können?

Sir Alexander Fleming – Penizillin

Sir Alexander Fleming (1881–1955) beschäftigte sich als junger Bakteriologe mit Autovaccinen. Die Grundidee der von Alrmroth Wright ins Leben gerufenen Autovaccine-Forschung war, abgetötete Mikroorganismen-»Impfstoffe« nicht nur in der Vorbeugung, sondern auch in der Therapie von Infektionen einzusetzen. Im Jahr 1928 legte Fleming am St. Mary's Hospital in London für Forschungszwecke Nährböden mit Staphylokokken an, das sind Bakterienkulturen, die u. a. als Krankheitserreger im menschlichen Körper vorkommen. Versehentlich hatte Fleming eine dieser Bakterienkulturen verlegt, vergessen und fuhr in Urlaub. Als er zurückkehrte, fand er die Kulturen wieder – verschimmelt, ein Missgeschick aufgrund seiner Nachlässigkeit.

Bei genauerer Betrachtung war Fleming jedoch überrascht, dass um den Schimmelpilz der Gattung Penicillium notatum keine neuen Staphylokokken gewachsen waren. Fleming hatte einen ungewöhnlichen Gedanken: Könnte es sein, dass der Schimmelpilz selbst geeignet sei, Infektionen im Menschen abzutöten? Fleming begann den Pilz zu untersuchen. Er entdeckte, dass dieser Pilz tatsächlich eine keimtötende Wirkung hatte, also in der Lage war, Bakterien zu zerstören. Da er Forscher – und nicht Geschäftsmann – war, kam er nicht auf die Idee, aus seinen Forschungsergebnissen heraus ein Medikament zu entwickeln.

Zehn Jahre später, im Jahr 1938, las der australische Pathologe Howard Walter Florey (1898–1968) von Flemings Entdeckungen und fragte sich, ob es nicht möglich sei, aus dem Penizillin-Pilz ein Medikament für die Massenproduktion herzustellen. Gemeinsam mit Ernst Boris Chain und Norman Heatley gelang es ihm, dieses fertigzustellen, gerade rechtzeitig für die Behandlung von Soldaten im Zweiten Weltkrieg.

Mittlerweile sind jedoch viele Bakterienstämme gegen das übliche Penizillin resistent, was zur Weiterentwicklung neuerer Penizillin-Varianten geführt hat. Mediziner warnen aus diesem Grund bereits vor einer wahllosen Penizillin-Einnahme. Auch ist mittlerweile bekannt, dass Penizilline auf nützliche Bakterien in der Darmflora toxisch wirken und eine antibiotikaassoziierte Kolitis fördern, sodass es sinnvoll ist, Penizilline nur dort einzusetzen, wo sie dringend erforderlich sind.

Bei aller öffentlichen Kritik an den Penizillinen sollten wir uns trotzdem vor Augen halten: Mittels Penizillin konnten Infekte und schwere Krankheiten, die früher lebensbedrohlich waren, nicht nur eingedämmt, sondern sogar ausgerottet werden.

Zur Ironie der Geschichte gehört, dass die Autovaccine, denen ursprünglich Flemings Forschergeist und Liebe gegolten hatte, durch das Penizillin vom Markt verdrängt wurden und heute nur noch in der Alternativmedizin Einsatz finden.

Dem Psychologen Sigmund Freud verdanken wir den Begriff der »Freud'schen Fehlleistung«, der zufolge das Unbewusste die Kontrolle des denkenden Verstandes durchbricht und mit einer Wahrheit ans Licht rückt. Im Fall Flemings stellt sich die Frage, ob es nicht sein Unbewusstes war, das ihn die Bakterienkultur »vergessen« ließ, damit er das Penizillin entdecken konnte.

Übung

Das Beispiel Flemings mag Sie einladen, einmal zu überlegen, ob es, ausgelöst durch Ihr Unbewusstes, in Ihrem Leben auch vielleicht eine sich nachträglich als wertvoll erweisende »Fehlleistung« gab. Möglicherweise waren Sie damals verärgert, dass Ihnen dadurch ein Vorhaben (»eine Kultur«) missriet? Doch vielleicht spannte dieser »Reinfall« auch seinen »Schutzschirm« auf, der Sie vor allen möglichen Angriffen auf Ihre Gesundheit, Ihr Seelenleben, Ihren Lebensweg bewahrte? Wenn Sie möchten, reflektieren Sie einmal darüber und machen sich entsprechende Notizen.

Nichts ist so erfolgreich wie der Misserfolg.
(Oliver Herford, 1863–1935, US-amerikanischer Schriftsteller)

Roy Plunkett – Teflon

Die Entdeckung des Teflons ist die Geschichte eines Fehlschlags, dessen Wert Jahre später die Welt der Bratpfannen revolutionierte.

Der US-amerikanische Konzern DuPont war in den 1930er-Jahren vertraglich daran gebunden, das von ihm produzierte Kältemittel für Kühlschränke ausschließlich an den Automobilriesen General Motors zu verkaufen. Um weitere Absatzmärkte zu erschließen, beauftragte er den Chemiker Roy Plunkett, ein Kältemittel mit anderer Wirkstoffzusammensetzung zu entwickeln. Plunkett versuchte dafür vergeblich, das Gas Tetrafluorethylen (TFE) mit Salzsäure zu verbinden. Die dafür nötigen Gasvorräte lagerte er in Gasflaschen bei minus 80 Grad Celsius.

Zum Entsetzen seiner Mitarbeiter war nach einiger Zeit in den Flaschen kein Gas mehr, obwohl sie immer noch so schwer waren wie zuvor. Nachdem die Flaschen aufgesägt waren, fand man weiße Ablagerungen an den Innenrändern der Flaschen vor. Plunkett fiel auf, dass diese Ablagerungen mit keiner anderen Substanz reagieren. Er dokumentierte diesen eigenartigen Fehlschlag aus dem Jahr 1938 in seinen Unterlagen für die Firma DuPont.

1943, fünf Jahre später, arbeitete die US-Regierung fieberhaft an der Herstellung der ersten Atombombe. Auf der Suche nach einem Isolationsmaterial, das mit keiner anderen Substanz reagiert, erinnerten sich die Forscher an die Aufzeichnungen Plunketts. Man begann, alles Mögliche mit dem speziellen Kunststoff zu beschichten, Uran-Leitungen, Raumanzüge und ... Bratpfannen.

Plunketts »Fehlschlag« entwickelte sich zum Massenartikel und erhielt den Namen Teflon als Abkürzung für Tetrafluorethylen. Heute steht dieser Name für eine der großen Erfindungen des 20. Jahrhunderts, die aus unserem Leben, vom Haushalt über die Medizin bis hin zur Industrie, nicht mehr wegzudenken sind.

Sogar in die Soziologie hat der Begriff Einzug gehalten. So bezeichnet man »Teflon-Menschen« als einen Typus, dem es gelingt, äußere Störungen von sich abgleiten zu lassen, die Psyche verfügt sozusagen über eine Art »Teflon-Schicht«. Ob dies erstrebenswert ist oder nicht, mag der Leser selbst entscheiden.

Der Zufall bevorzugt den vorbereiteten Geist.

(Louis Pasteur, 1822–1895)

Johann Friedrich Böttger – Porzellan

Die Entstehungsgeschichte des Porzellans lehrt uns, dass sich Erfolg oftmals in einem völlig anderen Gewand zeigt, als wir ihn uns wünschen. Sie warnt uns allerdings auch vor verantwortungslosem Forscherdrang.

Der Alchemist Johann Friedrich Böttger (1682–1719) hatte den sehnlichen Wunsch, Blei in Gold verwandeln zu können. So schlich er sich schon als 14-jähriger Apotheker-Lehrling heimlich in das Labor seines Ausbildners, des Berliner Apothekers Friedrich Zorn, um die Umwandlung von unedlen in edle Metalle zu erproben. Böttger versuchte von reisenden Alchemisten zu lernen und experimentierte unablässig. Eines Tages gestand er seinem Ausbildner die Vorliebe für Alchemie, stieß jedoch auf Skepsis.

Um Zorn zu überzeugen, wandelte er – angeblich – im Jahr 1701 bei einer öffentlichen Demonstration silberne Münzen in goldene um. (Heute vermutet man, dass es sich um einen Zaubertrick handelte, bei dem Böttger die Münzen vertauschte.) Die Kunde vom »Goldmacher« verbreitete sich schnell in der Öffentlichkeit bis hin zum Hochadel.

August der Starke, Kurfürst von Sachsen und König von Polen, ließ daraufhin Böttger unter einem Vorwand in Haft nehmen. Er hatte die Hoffnung, durch ihn zu Reichtum zu kommen und stellte ihm ein Laboratorium zur Verfügung. August befahl ihm, Gold herzustellen – sollte er versagen, drohe ihm der Tod am Galgen. Böttger gelang es trotz allen Bemühens nicht, unedle Metalle in Gold umzuwandeln. Der ebenfalls im Auftrag von August des Starken tätige Walther von Tschirnhaus erkannte, dass Böttger, wenngleich der Goldmacherei unfähig, ein begnadeter Wissenschaftler war. Er rettete ihn, indem er bat, Böttger unter seiner Obhut mit einer neuen Aufgabe zu betrauen: Böttger solle sich in der Herstellung von Porzellan versuchen, welches damals für exorbitante Preise aus China importiert wurde.

Da Böttger tatsächlich davon überzeugt war, dass sich ein Stoff in den anderen verwandeln ließe, wählte er für seine Experimente – zur Überraschung seines Mentors – Gestein als Grundstoff und nicht, wie damals üblich, Glas. Hierfür verwendete er die »zufällig« in der Nähe von Dresden gefundene weiße Tonerde, Feldspat, Quarz und Wasser. So kam es am 15. Januar 1708 zur Geburtsstunde des europäischen Hartporzellans. August der Starke richtete 1710 in Meißen eine Manufaktur ein, wo unter gefängnisartigen Bedingungen Porzellan produziert wurde. Er verdiente mit dem »weißen Gold« Millionen und schuf mit den »gekreuzten Schwertern« eines der ältesten Markenzeichen der westlichen Welt.

Böttger hingegen war mit seiner Erfindung unzufrieden und schrieb: »Es machte Gott, der große Schöpfer, aus einem Goldmacher einen Töpfer.«

Der Alchemist wurde aufgrund seines Erfolgs aus der Haft entlassen, jedoch von August bedrängt, die Arbeiten zur Goldherstellung wieder aufzunehmen. Böttger begann unter anderem mit giftigen Substanzen zu experimentieren. Er starb am 13. März 1719 mit nur 37 Jahren.

Böttgers Leben ist eine Einladung zum Umdenken. Hätte Böttger erkannt, dass es seine Berufung war, die Porzellanherstellung zu entdecken und es dabei zu belassen, hätte er vermutlich länger – und gesünder – gelebt. Es spricht für Böttger, dass er sich nicht als Scharlatan verstand, sondern ehrlich die Absicht hatte, Gold herzustellen. Es zeigt jedoch auch mangelnde Einsicht, dass Böttger mit dem »Spatz in der Hand« (Erfindung des Porzellans) unzufrieden war und an der »Taube auf dem Dach« (Herstellung von Gold) scheiterte.

Manchmal ist Erfolg oder Misserfolg reine Definitionssache!

Übung: Spatz und Taube

Vielleicht haben Sie angesichts der Lebensgeschichte Böttgers den Wunsch, einmal über Ihr eigenes Leben nachzudenken. Fragen Sie sich:

- Gab es einen großen Traum, was Sie einmal werden oder sein wollten?
- Haben Sie auf der Reise zu Ihrem Lebenstraum etwas anderes entdeckt, was genauso wertvoll war wie dieser Traum?

- Haben Sie diesem »Spatz in der Hand« ausreichend Dankbarkeit und Anerkennung gezollt?
- Gibt es eine »Taube auf dem Dach«, die Sie besser loslassen sollten?

Alfred Fielding/Marc Chavannes – Luftpolsterfolie

Das folgende Beispiel zeigt, wie das Scheitern einer »abgefahrenen Idee« zu einem ungewohnten Erfolg in einem anfangs nicht bedachten Genre führen kann.

Alfred W. Fielding und Marc Chavannes experimentierten 1957 in einer Garage in New Jersey damit, Plastiktapeten in Weltraumoptik herzustellen. Rohmaterial dafür lieferten Plastik-Duschvorhänge, die sie so zusammenklebten, dass sich dazwischen Luftblasen bildeten. Doch niemand wollte das Produkt kaufen.

Verzweifelt und in finanziellen Nöten hielten sie nach anderen Verwendungsmöglichkeiten für ihre »Weltraumtapete« Ausschau. Nach weiteren Flops überlegten die beiden, ob man die Tapete als Transportschutz verwenden könne, bei dem die Luftblasen zwischen den Plastikvorhängen als Puffer dienten. Mit letzten Reserven meldeten sie am 27.11.1959 ihre Erfindung unter dem Namen »Bubble Wrap« als Patent an und gründeten ein Jahr später die Firma Sealed Air Corporation.

Fielding und Chavannes konzentrierten sich daraufhin auf den Polstereffekt der Folie. Sie verwendeten zweischichtiges Polyethylen (PE), eine glatte Deckfolie und eine zweite Folie, in die sie mittels Noppenzylinder und Vakuumwalze gezielt runde Luftpolster einarbeiteten. Sie entwickelten immer weitere Varianten, z. B. für Versandtaschen, antistatische und leitfähige Luftpolsterfolien.

Die leichte und zudem extrem robuste Luftpolsterfolie erwies sich als ideale Alternative zur bisher üblichen Papierpolsterung, insbesondere für schwere, zerbrechliche oder sensible Gegenstände, wie zum Beispiel Computerbestandteile. Heute beschäftigt Sealed Air weltweit rund 25.000 Mitarbeiter und erzielt Umsätze in Höhe von mehreren Milliarden US-Dollar.

Es war das Scheitern der »Weltraumtapete«, das die Erfinder zwang, nach neuen Märkten Ausschau zu halten und sie – auf Umwegen – zu einem viel größeren Erfolg führte. Heute ist die Luftpolsterfolie, umgangssprachlich auch Knallfolie oder Noppenfolie genannt, nicht mehr wegzudenken. Seit 2001 gilt in den USA der letzte Montag im Januar als »Gedenktag der Luftpolsterfolie«.

Übung

Der Erfolg von Fielding und Chavannes kann dazu inspirieren, über die eigenen Erfolgsstrategien nachzudenken. Vielleicht gibt es ein Produkt oder eine Dienstleistung, die Sie bereits ausgetüftelt und wieder ad acta gelegt haben, da sich diese am Markt nicht durchsetzte. Prüfen Sie doch einmal nach, ob Sie über einen solchen unerkannten Schatz verfügen, der lediglich auf eine andere Verwendung oder Einsatzmöglichkeit wartet, um Sie zu einem viel größeren Erfolg zu führen.

Spencer Silver/Arthur Fry – Klebezettel »Post-it«

Spencer Silver forschte für die Minnesota Mining and Manufacturing Company (Firma 3M) an der Entwicklung eines Superklebers, der stärker als bisherige Klebstoffe Materialien »zusammenschweißen« sollte. Letztendlich entwickelte er im Jahr 1968 einen Kleber. Doch zum Gespött seiner Kollegen war dieser alles andere als kraftvoll. Der Kleber haftete zwar dezent an allen möglichen Materialien, ließ sich jedoch genauso leicht wieder ablösen.

Da Silver viele Jahre seiner Forschung in diesen Kleber gesteckt hatte, suchte er verzweifelt nach anderen Möglichkeiten, die graue Klebmasse zu vermarkten. Er entwickelte eine Art »Pinnwand ohne Pins«, die mit dem Material bestrichen war, sodass Zettel ohne Nägel oder Nadeln befestigt werden konnten. Doch niemand interessierte sich dafür, und auch der Kleber geriet in Vergessenheit. Silver verbuchte seine Forschungsergebnisse als kläglichen Misserfolg.

Die Wende kam mit einem Kollegen Silvers, Arthur Fry. Dieser war Mitglied im regionalen Kirchenchor und verwendete Lesezeichen für die zu singenden Lieder. Da er beim Singen stand und sein Liederbuch senkrecht hielt, fielen ihm die Lesezeichen ständig heraus. Dauerhafte Lesezeichen kamen für ihn nicht infrage.

Sechs Jahre später, 1974, kam Fry ein Geistesblitz: Er erinnerte sich an den »missratenen Superkleber« von Silver und fragte sich, ob der »Makel«, nur leicht zu haften, sich nicht als Vorteil nutzen ließe, etwa wenn er den Kleber für die Lesezeichen seiner Liedtexte verwendete.

Fry machte die Probe aufs Exempel, und es funktionierte: Papierzettel, die mit Silvers Kleber bestrichen waren, hafteten leicht, ließen sich aber auch genauso leicht und vor allem rückstandsfrei wieder aus den Gesangbüchern lösen. Die Geburtsstunde des Klebezettels »Post-it« hatte geschlagen!

Gemäß der US-Zeitschrift »Fortune« gehört diese Erfindung zu den wichtigsten des 20. Jahrhunderts – neben der Compact Disc, dem Kühlschrank und der Boeing 707.

Die Erfindung des Klebezettels lehrt uns drei Dinge:
- Eigenschaften, die wir als Makel empfinden, können sich, anderweitig eingesetzt, als gewaltiger Vorteil erweisen (der Misserfolg von gestern wird zum Erfolg von morgen).
- Oftmals lassen sich allein durch positive Umdeutung (Nachteil: »Klebt schlecht«, Vorteil: »Lässt sich leicht wieder ablösen«) Misserfolge in Erfolge verwandeln.
- Erfolge gleichen einem Staffellauf, bei dem der Teilerfolg des einen dem Erfolg des anderen die Hand reicht.

Übung
- Machen Sie sich eine Sache bewusst, die Sie in Ihrem Leben als Makel empfinden. Dies kann die Eigenschaft des Produkts sein, das Sie hergestellt haben, das Haus, in dem Sie wohnen, Ihre Berufsausbildung oder auch ein Mensch, mit dem Sie zu tun haben.
- Fragen Sie sich: Wenn dieser Makel in Wahrheit ein Vorteil wäre, mit welchem Begriff könnte man diesen Vorteil bezeichnen? Und wo könnte man ihn einsetzen?
- Gibt es einen anderen Menschen, der mir dabei helfen kann?

Wie ein persönlicher Makel letztendlich zum Vorteil gereichen kann, zeigt die folgende Geschichte.

Georg VI. von England – Redeschwäche

König Georg VI. (1895–1952, ehemals Prinz Albert von York) litt unter Redestörungen. Seine Abschlussrede bei der British Empire Exhibition am 31. Oktober 1925 in Wembley wurde von den Zuhörern als sprachliche Katastrophe erlebt. Georg VI. schämte sich für sein extremes Stottern und scheute die Öffentlichkeit. Er ließ sich vom Traumaspezialisten und Sprachtherapeuten Lionel Logue (1880–1953) behandeln, entzweite sich jedoch mit ihm und vermied es, in der Öffentlichkeit zu reden.

Als England von Hitlerdeutschland angegriffen wurde, erwarteten die Soldaten und Bürger Großbritanniens, dass ihr König ihnen Mut zuspräche. Georg VI. war in der Bredouille, denn er litt nach wie vor unter seinem Stottern. So suchte er erneut Logue auf, entschuldigte sich bei ihm und bat ihn, ihm zu helfen, eine Rede an das Volk einzuüben.

Unter größten Ängsten stellte er sich der Herausforderung, eine Ansprache im öffentlichen Rundfunk zu halten. Seine Rede wurde weltweit direkt übertragen und ein durchschlagender Erfolg. Die zur Überwindung seines Stotterns benötigte Authentizität und Konzentration berührte und motivierte die Zuhörer an den Radios gewaltig.

Es war das Scheitern aus dem Jahr 1925, das dazu führte, dass Georg VI. sich rechtzeitig genug, lange vor Ausbruch des 2. Weltkriegs, aufgemacht hatte, soweit an seiner Redeschwäche zu arbeiten, dass Jahre später seine »Rede des Königs« möglich wurde. Und es war genau die mit dieser Schwäche verbundene Intensität, der über alle Makel hinausgehende Mut, der zum Erfolg führte.

Man geht heute davon aus, dass diese Rede einen bedeutenden Einfluss auf den Kampf gegen Hitlerdeutschland hatte.

Sicherlich gab es damals bessere Redner in der Weltpolitik als Georg VI. – aber keine, die so sehr für Courage angesichts menschlicher Unvollkommenheit standen wie er. Seinen Makel, die Sprachstörung, konnte er – in Kontrast zur Redegewalt (im wahrsten Sinne des Wortes) eines Hitler oder Goebbels – zu seinem Vorteil ummünzen, er punktete mit Authentizität und berührte die Herzen.

Die Rede Georgs VI. lieferte im Jahr 2010 den Stoff für den Film »The King's Speech«, der 2011 mit dem Oscar für den besten Film, die beste Regie und den besten Hauptdarsteller ausgezeichnet wurde. Wir können es heute als Ironie der Geschichte betrachten, dass ausgerechnet ein scheinbar unvollkommener Stotterer den redebegabten, Übermenschentum predigenden Demagogen wie Hitler und Goebbels eine beeindruckende Ansprache entgegengestellt hat.

Zum Thema (Rede-)Schwäche noch einige weitere Beispiele: Der frühere US-Präsident Bill Clinton galt als mittelmäßiger Redner. Er hatte oft eine heisere Stimme und war immer wieder von seinem Gegenüber leicht aus dem Konzept zu bringen. Er nutzte seine Schwäche jedoch als Vorteil, indem er weniger darauf achtete, was er zu sagen hatte, sondern sich vielmehr auf sein Gegenüber einstellte. Die wachsende Zahl seiner Fans gab ihm recht – die meisten hatten bei der Begegnung mit ihm das Gefühl »Der Präsident spricht mit mir persönlich«.

Möglicherweise ist auch die deutsche Bundeskanzlerin Angela Merkel ein Beispiel dafür, wie sich Schwächen und Makel – manche empfinden sie als langweilige Rednerin mit einem eher unscheinbaren Persönlichkeitsprofil – zum Vorteil nutzen lassen: »Mutti«, wie Merkel volkstümlich genannt wird, gilt aufgrund ihrer Fähigkeit, im Verborgenen Fäden zu ziehen und diplomatisch geschickt zu agieren, laut Forbes Magazin als mächtigste Frau der Welt. Sie wurde wegen ihres unprätentiösen Auftretens lange Zeit unterschätzt, doch heute weiß man: Wer sie unterschätzt, hat schon verloren!

Übung

Neubeurteilung/Selbstreflexion:

• Was waren große Misserfolge bzw. Makel in Ihrem Leben?

• Was konnten Sie aus Ihren eigenen Misserfolgen/Teilerfolgen lernen, was aufgrund Ihrer Makel entwickeln?

• Was wurde dadurch möglich, was ohne den Misserfolg/Teilerfolg/Makel nicht möglich gewesen wäre?

• Welcher andere Mensch konnte von Ihren Miss- bzw. Teilerfolgen profitieren? Konnten andere aus Ihren Erfahrungen lernen, mussten Fehler nicht wiederholen, konnten Dinge weiterentwickeln? Haben Sie sich schon den Wert bewusst gemacht, den Ihr Dasein für diese Menschen hat bzw. hatte?

• Wofür und für wen könnten Ihre bisherigen Misserfolge bzw. Makel noch gut und nützlich sein?

• Gibt es etwas bisher negativ Bewertetes in Ihrem Leben, das Sie durch positive Umdeutung als Vorteil erkennen können?

• Gibt es einen Miss- bzw. Teilerfolg eines anderen Menschen, von dem Sie profitieren konnten (bzw. können)? – Haben Sie ihm dafür bereits gedankt?

Notieren Sie darüber einige Dinge aus Ihrem Leben, die Sie möglicherweise belasten. Dies können Lebensumstände sein, persönliche Handicaps oder auch vergangene Ereignisse. Und dann bemühen Sie sich, für die gleiche Sache herauszufinden, »wofür das gut sein könnte«.

Hierzu ergänzend motivierende Beispiele aus dem beruflichen und privaten Bereich eines Lebensberaters:

• Ich habe einen Bauchladen an Beratungstechniken. Da keine Technik für mich in allen Situationen funktioniert, kann ich mich nicht festlegen und daher auch kein Beraterprofil zeigen → Ich gründe eine Beraterschule.

• Ich habe Schwierigkeiten, konzentriert Vorträge zu halten, weil mich die Zuhörer so stark ablenken → Ich habe die Chance, meine Vorträge in Dialogform zu halten und so das Publikum einzubeziehen.

- Ich bin Single und finde keinen Partner → Ich bin frei, ungebunden, kann weite Reisen unternehmen und die Welt kennenlernen.
- Ich bin in einer Partnerschaft, die mich einengt → Ich nutze die Chance, alles Unwesentliche loszulassen und zu entdecken, was mich innerhalb einer bestehenden Beziehung wirklich frei macht (bzw. veranstalte Seminare für Paare, denen es ebenso geht wie mir).
- Meine Gesundheit macht mir Schwierigkeiten → Ich habe eine starke Motivation herauszufinden, wie ich gesund werden kann, und melde mich für eine Heilpraktiker-Schule an.

Was sind Ihre Themen und Lösungen? Oftmals sind wir in unserem individuellen oder kollektiven Denk-Gefängnis eingesperrt und dann überrascht, wenn wir Entdeckungen machen, die unseren bisherigen Denkrahmen sprengen. Davon handelt die nachfolgende Geschichte.

Albert Hofmann – LSD

Der Chemiker Albert Hofmann (1906–2008) forschte an der Entwicklung eines Kreislaufmittels. Im Rahmen seiner Experimente synthetisierte er aus dem leicht toxischen Mutterkornpilz Derivate der Lysergsäure. Als 25. Substanz seiner Versuchsreihe stellte er am 16.11.1938 Lysergsäurediethylamid (LSD-25) her. Der Stoff löste bei Versuchstieren eine gewisse Unruhe, aber nicht die erwünschte kreislauffördernde Wirkung aus, sodass Hofmann seine Versuche abbrach.

In den nächsten Jahren plagten Hofmann Zweifel, ob er vielleicht etwas übersehen haben könnte. Er entschied sich im Jahr 1943, Lysergsäurediethylamid erneut herzustellen. Versehentlich gelangte vermutlich über die Fingerspitzen ein wenig davon in seinen Körper.[7] Als Folge davon verspürte er Unwohlsein und hatte etwa zwei Stunden lang farbige, kaleidoskopartige Visionen.

---

7 Siehe dazu Albert Hofmann, LSD – Mein Sorgenkind, Klett-Cotta Verlag, 2015

Daraufhin begann Hofmann, Lysergsäurediethylamid in geringen Mengen im Selbstversuch einzusetzen und dies zu protokollieren. Er beschrieb verzerrte Wahrnehmungen, die ihn anfangs sehr beunruhigten (die Nachbarin verwandelte sich zu einer Hexe, Gegenstände begannen sich zu bewegen usw.). In späteren Selbstversuchen begann er das Farben- und Formenspiel, die ungewohnten Klänge und Wahrnehmungsänderungen zu genießen. Hofmann ließ andere Menschen an seinen Entdeckungen teilhaben. Lysergsäurediethylamid, mittlerweile LSD genannt, erhielt den Ruf, ein heilender Seelenöffner zu sein, welcher die Verbundenheit allen Seins erlebbar mache. Es wurde sogar in öffentlichen Therapiezentren eingesetzt. Später erkannte man die Gefahren, die von unkontrolliertem LSD-Konsum ausgingen, sodass der Stoff verboten wurde (in den USA seit 1966).

Hofmann selbst lebte bis zu seinem 102. Lebensjahr gesund und glücklich. Er betrachtete es stets als seinen großen Traum, dass der Einsatz von LSD zu Therapiezwecken weltweit etabliert würde. Noch heute gibt es Befürworter der LSD-Freigabe (unter Aufsicht, zu Therapiezwecken) und strikte LSD-Gegner. Ob die Entdeckung Hofmanns ein Fluch oder Segen für die Menschheit war, wird man wahrscheinlich erst nach einigen Generationen beantworten können.

Hofmann gilt als Beispiel für Entdeckungen jenseits der Norm, die ihre Position außerhalb eines etablierten Systems fanden und innerhalb eines etablierten Systems suchten. Er steht stellvertretend für Menschen, die andere »Welten« und »Dimensionen des Bewusstseins« entdeckten und sich fragen, ob es sinnvoll und gesund ist, diesen in unserem sozialen Gefüge einen angemessenen Raum zu geben.

Weitere und vielleicht gesündere Beispiele für so ein Grenzgängertum sind Schamanen, »Weltenwanderer«, Yogis, spirituelle Aspiranten, die »einen anderen Zipfel der Wirklichkeit« erkundet haben. Auch die Figur der »Möwe Jonathan« steht für das Bestreben, das in anderen Ebenen Erkannte dem »Schwarm« verfügbar zu machen.

Übung

- Haben Sie in Ihrem Leben Entdeckungen oder Erfahrungen außerhalb gesellschaftlicher Normen gemacht?
- Konnten Sie einen Weg finden, diese in Ihre soziale Persönlichkeit einzubetten? Oder glauben Sie, dass es besser wäre, diese für sich zu behalten?
- Wer oder was könnte von diesen Entdeckungen und Erfahrungen profitieren?

Charles Goodyear – Gummi

Der Chemiker Charles Goodyear (1800–1860) tüftelte fieberhaft, wie er den extrem empfindlichen Kautschuk immun gegenüber Temperaturschwankungen machen konnte. Doch egal welche Materialien Goodyear dem Kautschuk hinzufügte: stets musste er erleben, dass das Kautschuk-Gemisch bei Hitze zu klebrig und bei Kälte zu brüchig war, um für industrielle Zwecke verwendet zu werden.

Eines Tages geschah Goodyear ein Missgeschick: Eine Schwefel-Kautschuk-Mischung fiel auf eine heiße Herdplatte. Nach dem ersten Schreck entdeckte er, dass die Mischung sich in einen neuen Stoff verwandelt hatte. Die Masse – bald unter dem Namen »Gummi[8]« bekannt – war plötzlich nicht mehr feucht und klebrig, sondern dauerhaft elastisch, robust und stabil. Die Vulkanisation war entdeckt.

Gummi trat seinen Siegeszug in der Fertigung an: Schuhe, Handschuhe, Zelte, Haushaltsgegenstände, Laken, ja sogar Möbel wurden aus Gummi gefertigt – das Material beflügelte die gesamte moderne Industrie. 1850 erfand Goodyear den Hartgummi und bald darauf das erste Gummi-Kondom, das ab 1870 serienmäßig hergestellt wurde.

Es gibt eine traurige Paradoxie zu dieser Geschichte: Goodyear war zeit seines Lebens arm wie eine Kirchenmaus. Obwohl er hohe

---

8 Der Name Gummi leitet sich vom ägyptischen Wort »kemai« ab (lateinisch: »cummi«) und bedeutete ursprünglich »wohlriechendes Harz«. Wir sehen an diesem Beispiel, wie sich die Bedeutung von Namen im Lauf der Geschichte verändern kann

Auszeichnungen erhielt und Inhaber zahlreicher Patente war, landete er mehrmals im Gefängnis, weil er seine Schulden nicht zurückzahlen konnte. Goodyear starb verarmt und kränklich an den Folgen seines jahrelangen Umgangs mit Bleioxiden, noch bevor er das 60. Lebensjahr erreichte.

Goodyear hinterließ seinen Erben Patente, die fünfzig Jahre später für die Autoindustrie (u. a. zur Herstellung von Autoreifen) existenziell waren. Hätte es zu Goodyears Zeiten bereits eine beginnende Automobilindustrie gegeben, wäre er vermutlich zu Lebzeiten Millionär geworden.

Viele Menschen waren, wie Goodyear, ihrer Zeit voraus. Sie scheiterten daran, dass die Zeit noch nicht reif war für ihre oftmals revolutionären, wegweisenden Ideen. Auch kommt es immer wieder vor, dass Menschen für das, was sie taten, zu jung waren. Nicht jedes Genie wird, wie Mozart, frühzeitig erkannt und gefördert. Keiner weiß, wie viele Genies in den Tretmühlen der modernen Arbeitswelt resignierten, weil niemand ihre wirklichen Begabungen sah und förderte.

> *Viele, die ihrer Zeit vorausgeeilt waren,*
> *mussten auf sie in sehr unbequemen Unterkünften warten.*
>
> (Stanislaw Jerzy Lec)

Übung: Zeitreife

Die Lebensgeschichte von Charles Goodyear lädt zu einer persönlichen Reflexion ein:

- Hatten Sie als Kind oder Jugendlicher einmal das Gefühl, eine ganz besondere Begabung zu besitzen? Falls ja: Konnten Sie diese Begabung leben?
- Würden Sie rückwirkend sagen, dass Sie sich verfrüht mit Inhalten identifiziert haben, die eigentlich eher älteren Menschen zugedacht sind, wie z. B. Spiritualität, Religion und der Suche nach dem Sinn des Lebens? Haben Sie dadurch materielle Chancen, z. B. eine gute Position in der Wirtschaft, verpasst?

- Gab es Ideen, Innovationen, Lebenskonzepte, die von Ihnen ausgingen, für die einfach die Zeit noch nicht reif war?
- Falls dem so war: Sind Sie bereit, sich selbst und anderen dafür zu verzeihen? Was von dem, was verpasst wurde, lässt sich vielleicht heute leben?

Versagen – wenn es anders kommt, als man es sich gewünscht hat

Versagen hängt sprachlich mit »sagen« zusammen. »Sagen« stammt vom althochdeutschen Wort »saga« ab. Es ist sprachverwandt mit »sehen«, im Sinne von »sehen lassen, zeigen, bemerken« und mit dem Wort » die Sage« (das Gesagte). Auch heute hat »sagen« eine mannigfaltige Bedeutung, z. B. »annehmen, behaupten, kundtun, glauben, verkünden, bestimmen, etwas zum Ausdruck bringen« oder »als Tatsache hinstellen«.

Folgende Redewendungen weisen auf die unterschiedlichen Bedeutungen hin:

- »Das hätte ich dir gleich sagen können!« (Das habe ich gewusst, geplant, vorausgesehen!)
- »Das sag ich dir!« (Dessen kannst du dir sicher sein!)
- »Lass dir das gesagt sein!« (Glaube und beherzige es!)
- »Wer hat hier das Sagen?« (Wer bestimmt, was geschieht?)

»Ver-sagen« erleben wir als das Gegenteil davon:

- Etwas oder jemand »funktioniert« nicht wie geplant, kann Gefordertes nicht leisten.
- Es geschieht etwas anderes, als man sich gewünscht hat.
- Der Betroffene fühlt sich verunsichert, sein Glaube ist erschüttert.

Versagen – die »Leidensform«

Versagen wird als passives, ungewolltes Erleiden erlebt. Es ist stets unmittelbar auf ein Objekt oder Subjekt bezogen – etwas oder jemand hat versagt, zum Beispiel:

- Der Laserdrucker versagte.
- Seine Stimme versagte.
- Der Unfall war auf menschliches Versagen zurückzuführen.

Erlebtes Versagen als Entwicklungshelfer

Im Allgemeinen wird das Versagen negativ bewertet. Viel zu wenig gewürdigt wird dabei die Tatsache, dass Versagen auch als »Entwicklungshelfer« dient. Versagt eine Maschine, wird sie weiterentwickelt, sodass sich der Fehler nicht mehr einstellt. Organversagen führt zu Vorsorgeuntersuchungen. Versagt die Stimme, versucht man sich das nächste Mal besser vorzubereiten bzw. Umstände zu kreieren, die eine optimale Performance ermöglichen.

Sogar das Bodybuilding basiert auf dem im Versagen liegenden Potenzial: Die Kraftübungen werden mithilfe von Gewichten so oft wiederholt, bis der Muskel »versagt«, d. h. nicht in der Lage ist, eine weitere Übung durchzuführen. Ausgelöst durch den Versagens-Reiz beginnt der Muskel in den nächsten Stunden Kraft aufzubauen. Während der Muskel immer wieder an seine Versagens-Grenze geführt wird, wächst er und wird von Tag zu Tag stärker.

Aktives Versagen – gewollte Entsagung

Es gibt noch eine zweite Bedeutung von »Versagen«, die oft übersehen wird: Versagen als Ausdruck aktiver, willentlicher Abweisung, Nichtgewährung, Verweigerung, Verzicht, Vorenthaltung, Zurückweisung. Dies zeigt sich

- gegenüber einem anderen Menschen (»Er versagte ihm die Beförderung!«)
- im Sinn von Nicht-zur-Verfügung-Stehen (»Sie versagte sich ihm als Frau!«)
- im Sinn von ent-sagen, sich etwas verbieten, nicht gönnen, sich nicht hingeben (»Er versagte sich das Vergnügen!«).

Viel unnötiges Leiden kann vermieden werden, wenn der Betroffene beginnt, seine »inneren Verbote« zu lockern und sich mehr Lebensgenuss, Gelassenheit und auch Erfolg zu erlauben.

Übung

- In welchem Lebensbereich würden Sie sich mehr Anerkennung, Beachtung, Sicherheit, Status, Zugehörigkeit wünschen? Von wem? Wenn Sie sich vorstellen, dass sich dieser Wunsch erfüllt – welche Gefühle löst das in Ihnen aus?
- Gibt es einen (momentan) unerfüllten Wunsch in Ihrem Leben? Wenn Sie sich in Ihrer Fantasie vorstellen, dass sich dieser Wunsch erfüllt – welche Gefühle spüren Sie?
- Können Sie das in der Fantasie erlebte (Glücks-)Gefühl in Ihre aktuelle Lebenssituation hineinbringen?

Sie werden entdecken: Versagen und »sich etwas versagen« hängen oft enger miteinander zusammen, als man glaubt.

Oftmals geschieht dieser Vorgang unbewusst: Ihr Unbewusstes zieht die »Reißleine des Versagens« und Sie erleben im Tagesbewusstsein die (unerwartete) Wirkung.

Hierfür auch eine kleine Übung (Opfer-Täter-Austausch)

- Machen Sie sich eine Situation bewusst, in der Sie das Gefühl hatten, versagt zu haben. Beschreiben Sie die Situation kurz und bildhaft: Wo sind Sie? Wer ist noch dabei? Was haben Sie erlebt?
- Nun beginnen Sie die Situation umzudeuten. Denken Sie noch einmal an die Situation. Statt zu denken »Da habe ich versagt!« verwenden Sie nun die Einstellung »Das habe ich mir versagt!« Spüren Sie einmal hin, ob sich dadurch Ihre Beurteilung der Situation verändert. Vielleicht fühlen Sie sich nun nicht mehr als Opfer der Situation, sondern als Gestalter?
- Nun überlegen Sie einmal, wofür das »Versagen« günstigstenfalls gut gewesen sein könnte? Vielleicht konnten Sie daraus lernen, wachsen oder einen neuen, anderen Weg gehen?
- Möglicherweise ist nun Ihre Beurteilung der Situation eine andere geworden? Vielleicht hat Ihnen diese Übung sogar geholfen, Frieden mit der Situation zu schließen.

Die Wahnidee, ein »Versager« zu sein

Menschen, die ihre Vorhaben nicht verwirklichen können, nennt man Versager. Dabei macht sich der (oftmals selbst ernannte) Versager nur selten bewusst, wie viele Dinge ihm im Leben gelungen sind. Es ist ein großer Unterschied, ob sich jemand für einen Versager hält oder für einen Menschen, der zwar immer wieder einiges falsch gemacht hat, im Grund genommen jedoch okay ist.

Übung
Positive und negative Qualitäten verbinden:

Teil 1: Damit diese Übung spielerisch verläuft und Spaß macht, wollen wir uns zu Beginn auf einen anderen Menschen konzentrieren. Denken Sie an eine Person, die in Ihren Augen ein Versager ist. Spaßeshalber können Sie dafür auch eine öffentliche Witzfigur, z. B. das HB-Männchen, die Charlie-Chaplin-Figur oder Dick & Doof hernehmen.

- Notieren Sie fünf Gründe, warum diese Person ein Versager ist.
- Dann halten Sie inne. Gehen Sie in sich. Notieren Sie fünf Dinge, in denen die Person nicht versagt hat (sondern sogar erfolgreich war). Das HB-Männchen war erfolgreich darin, zu genießen (und wenn es nur die Zigarette war). Die Charlie-Chaplin-Figur konnte wunderbar traurig gucken. Dick & Doof haben mit ihren Späßen Tausende von Menschen zum Lachen gebracht usw.
- Nun verbinden Sie beide Listen miteinander. Formulieren Sie Sätze wie: »Das HB-Männchen hat darin versagt, entspannt zu bleiben, aber es war darin erfolgreich, zu genießen.«; »Die Charlie-Chaplin-Figur hat darin versagt, perfekt zu sein, aber es hat Menschen im Herzen berührt.«; »Dick & Doof haben darin versagt, miteinander respektvoll umzugehen, aber sie haben die Menschen zum Lachen gebracht.«

Teil 2: Fertigen Sie eine entsprechende Liste über sich selbst an:

- Notieren Sie fünf Dinge, die Ihnen nicht gelungen sind.
- Dann vergegenwärtigen Sie sich fünf Dinge, die Ihnen gut gelungen sind.
- Nun verbinden Sie die negativen und die positiven Dinge in einem Satz miteinander, wobei Sie über sich in der dritten Person schreiben, z. B.: »Die Anna (falls Sie Anna heißen) macht zwar handwerklich einiges falsch, aber sie kann wunderbar einfühlsam Menschen zuhören.«
- Nehmen Sie diese Sätze gedanklich in Ihr Herz, bewegen Sie sie im Herzen, bis Sie spüren, dass aus Ihrem Herzen ein tiefes »Ja« zu Ihnen selbst entsteht.

Nach dem Beweis fragen

Vielleicht kennen Sie ihn auch, den inneren Kritiker. Es ist, als wenn eine innere Stimme Ihnen zuflüstert: »Du bist ein Versager! Du taugst überhaupt nichts!« Wenn sich so ein Gedanke bei Ihnen meldet, dann sollten Sie ihm nicht freien Lauf lassen. Denn oft entwickeln sich aus destruktiven Gedanken Wortlawinen, die Sie unter sich begraben, so wie Lawinen einen Skifahrer mit sich reißen. Hier ist eine Methode, um destruktive innere Stimmen oder negative Gedanken abzuschwächen:

Übung

Gehen Sie in einen kurzen inneren Dialog. Diskutieren Sie mit dem negativen Gedanken. Fragen Sie ihn nach seinem Beweis: »Woher weißt du, dass ich ein Versager bin?«

Machen Sie sich den ersten Vorwurf bewusst, der in Ihnen eine starke emotionale Ladung auslöst. Wie ein heißer Draht transportiert der Vorwurf negative Gedanken in Ihre Psyche. Statt diesen Gedanken zu verdrängen, notieren Sie ihn, z. B. »Du hast deine Unternehmensziele nicht eingehalten.«

Fragen Sie sich, ob noch ein weiterer innerer Vorwurf da ist, der eine starke emotionale Ladung trägt. Notieren Sie ihn ebenfalls, bis

Sie maximal fünf Vorwürfe auf einem Blatt Papier stehen haben. Machen Sie sich bewusst, welcher der fünf Vorwürfe die stärkste Emotion trägt und unterstreichen Sie ihn. Fragen Sie sich: »Wenn dieser Vorwurf wahr wäre, was würde er über mich aussagen?« Notieren Sie die negative Aussage über sich selbst, z. B.: »Ich bin unfähig, in dieser Welt zu überleben!« Machen Sie sich bewusst, dass dies lediglich die Meinung Ihres Geistes ist und keinesfalls wahr sein muss.

Nun suchen Sie nach Gegenargumenten, die für Sie glaubhaft und kraftvoll sind und notieren Sie diese, z. B.: »Ich habe die Unternehmensziele in den Monaten Februar und März erreicht«; »Ich habe heute sieben Kunden angerufen«. Spüren Sie nach, ob dadurch bereits die emotionale Ladung des heftigsten Vorwurfs entkräftet wird.

Nun finden Sie einen positiven Gedanken über sich selbst, der Ihnen guttut und aus Ihrer Sicht wahr ist. Zum Beispiel: »Ich bin ein Mensch, der ehrlich bemüht ist, das Beste aus seinem Unternehmen zu machen!«; »Ich bin ein Kämpfer, der sich bisher jeder Herausforderung gestellt hat!« Verinnerlichen Sie diesen Satz und öffnen Sie Ihr Herz für diesen positiven Gedanken.

Wenn Sie nur einen einzigen positiven Gedanken über Ihre Handlungen und über sich selbst notieren konnten, dann dürfte Ihnen klar geworden sein, dass Sie kein Versager sind, sondern jemand, der manchmal vielleicht versagt hat, dem aber auch vieles gelungen ist.

Das Gefühl, »versagt zu haben«, kann niederschmetternd sein, es birgt neben seinen Entwicklungschancen aber ein weiteres Potenzial: Die Möglichkeit, aus dem »Gefängnis der Ich-Bezogenheit« auszusteigen! Wer immer Erfolg hat, der glaubt vielleicht, er sei der Größte. Ihm fehlt oftmals die Demut, sich einer Kraft zu öffnen und hinzugeben, die größer ist als er selbst. Das Versagensgefühl bietet auch die Chance, sich mit einer Kraft zu verbinden, die niemals versagt und sich einem Menschen niemals versagt. Die Beeinträchtigung, der »Riss«, der durch das Gefühl, versagt zu haben, entstehen mag, liefert gleichzeitig die »Öffnung« für diese größere Kraft. Jesus sagt in der Bibel (Matthäus 11,28): *»Kommt alle zu mir, die ihr mühselig und beladen seid, ich will euch erquicken.«*

Wer das Gefühl erleben musste, versagt zu haben, ist eingeladen, die Geborgenheit zu suchen und zu finden in einer größeren Kraft. Sie sagt immer Ja zu Ihnen, egal ob Sie gerade versagt haben oder nicht. Sie können nicht tiefer fallen als in Gottes Hand.

Versagen als Chance zu nutzen bedeutet, eine umfassendere Ebene des Daseins anzustreben, in der Versagen und Nicht-Versagen gleichermaßen geborgen sind, und aus dieser Ebene heraus zu leben.

Tipp

Versuchen Sie einmal die Präsenz einer größeren Kraft zu spüren. Finden Sie einen Namen dafür, der Sie an diese Kraft erinnert, wie z. B. Gott, Buddha-Feld, Urgrund des Seins, göttliche Existenz – oder wie auch immer. In letzter Konsequenz geht es nämlich gar nicht darum, dass immer alles funktioniert, sondern dass Sie das große Ja des Lebens zu sich selbst entdecken, dass Sie sich dieser großen Kraft anvertrauen und von ihr führen lassen. Dies ist der eigentliche Quantensprung in Ihrem Leben.

In einem späteren Abschnitt dieses Buches werden wir noch weiter ausführen, wie Sie Ihr Bewusstsein über Ihre Ich-Identität hinaus erweitern und aus der tiefen Verbundenheit mit der einen Kraft heraus das Leben neu erfahren können.

> *Komm, wer du auch seiest!*
> *Wanderer, Anbeter, Liebhaber des Loslassens, komm.*
> *Dies ist keine Karawane der Verzweiflung.*
> *Auch wenn du deinen Eid tausendmal gebrochen hast,*
> *komm nur, und noch einmal: komm.*[9]

---

9 Inschrift am Grab von Dschelaleddin Rumi (1207–1273), persischer Dichter und Gelehrter

Drei Gedanken zum Thema Versagen

- Es gibt kein Versagen, sondern nur Feedback.
- Gutes Urteilsvermögen kommt von Erfahrung. Erfahrung kommt von schlechtem Urteilsvermögen.
- Frustrationen fordern die Kreativität heraus!

Scheitern – vereiteltes Gelingen

Der Begriff »Scheitern« stammt vom althochdeutschen Wort »scit« (Holzscheit) ab und bezieht sich auf ein gespaltenes Holzstück. Er wird gemeinhin für Trennendes eingesetzt, z. B. (Wasser-)Scheide, Scheitel usw.

Scheitern nehmen wir uns nicht vor. Scheitern widerfährt einem, in der Regel unbeabsichtigt: Etwas, das heil und ganz war, zerfällt oder zerschellt. Das Sinnbild des Scheiterns ist der Schiffbruch samt gesplitterten Holzbalken. Sehr anschaulich hat dies der deutsche Maler Caspar David Friedrich in seinem Bild »Gescheiterte Hoffnung« dargestellt.

Zum Scheitern gehörte einst auch der berüchtigte Scheiterhaufen (aufgeschichtetes Holz), auf dem im Mittelalter viele unschuldige Menschen verbrannt wurden. Der Scheiterhaufen findet sich heute als mehrschichtige Mehlspeise auf heimischen Speisekarten zur Resteverwertung von Weißbrot und Äpfeln wieder.

Scheitern können nicht Maschinen oder Organe, sondern nur Menschen. Es ist jedoch immer auf ein Projekt bezogen, der Mensch scheitert an etwas. Aus dem Grund ist die Behauptung, jemand sei eine »gescheiterte Existenz« – ohne nähere Beschreibung, woran dieser Mensch gescheitert sein soll –, eine substanzlose Unterstellung. Scheitern impliziert, dass etwas da gewesen ist, an das der Mensch geglaubt hat, eine Absicht, eine Hoffnung, ein Projekt, eine Vision. Scheitern wird deshalb heroischer eingestuft als Versagen.

»Sieger bewundern wir; Sieger hassen wir; unsere Zuneigung gewinnen sie nur manchmal, unser Mitgefühl nie. Eher sind es die Gescheiterten, die Betrogenen, die unsere Sympathie verdienen (...). Es ist nun einmal so, dass einer umso leichter an die Spitze kommt, je verbissener er darauf hinarbeitet, je brutaler er seine Ellenbogen einsetzt. (...) Wer im

Lexikon verzeichnet ist, war mit höherer Wahrscheinlichkeit ein Scheusal als einer, der nicht im Lexikon verzeichnet ist«.[10]

Das Scheitern trifft den Menschen mindestens genauso hart wie das Versagen, weil es ihn mit einer unmittelbaren Verlusterfahrung konfrontiert. Es bezieht sich – im Gegensatz zur Krise – auf etwas Endgültiges. Dies zeigt sich unter anderem auch an der Verwandtschaft zum Wort »verscheiden«. Chancen und Möglichkeiten für das (Lebens-)Projekt sind vertan. Das Alte ist nicht mehr und wird in dieser Form auch nicht mehr sein.

> *Einmal versuchen, scheitern. Wieder versuchen,*
> *wieder scheitern. Besser scheitern.*
> (Samuel Beckett)

Einladung zu einem Perspektivenwechsel

»Die Erde ist ein Planet der Enttäuschungen (…). Im Rattenrennen aller gegen alle ist unser Los, dass wir unter ›ferner liefen‹ laufen. Während die Spezies Mensch als einsamer Sieger durch die Evolution stolziert, widerfährt dem einzelnen Erdbewohner nichts wahrscheinlicher als Misslingen.«[11]

Scheitern ist die Schattenseite des Machbarkeitswahns, des Versuchs, sich mithilfe geistiger oder körperlicher Kräfte alle Wünsche zu erfüllen. Der Gedanke der willentlichen Wunscherfüllung verführt dazu, dem Scheitern einen persönlichen Makel zuzuschreiben: »Sicherlich hast du ein geistiges Gesetz missachtet.« Dies führt dazu, dass wir dem Scheitern bzw. Gescheiterten einen Stempel aufdrücken.

Der Gescheiterte muss – darf aber auch – alle Berechnungen, Spekulationen, Hoffnungen und falschen Rücksichten fallen lassen und, auf sich gestellt, erforschen, ob es etwas gibt, was noch trägt,

---

10 Wolf Schneider, Große Verlierer, rororo Verlag 2006, S. 309 f.
11 Ebd., S. 9

wenn alle scheinbaren Sicherheiten zusammenbrechen. Deshalb erfordert Scheitern regelrechte Trauerarbeit.

»Im Scheitern kann eine Lebenskorrektur verborgen sein, die das Wesentliche und Wertvolle aufscheinen lässt. So gesehen ist Scheitern nicht der Feind, sondern ein Freund, dessen Gesicht man noch nicht erkannt hat«.[12]

»Die erste Bedingung, dass ich aus dem Scheitern heraus meine neue Lebensspur entdecke, ist das vorbehaltlose Akzeptieren meines Scheiterns. (…) Ich muss den Schmerz über den Verlust meiner Illusionen aushalten. (…) Annehmen meiner Vergangenheit heißt, dass ich alle Rechtfertigungsversuche aufgebe. (…) Es ist schmerzlich, das Zerbrechen der Ideale anzunehmen und zuzugeben. (…) Erst wenn ich bei mir und meinem Scheitern bleibe, statt auf die anderen auszuweichen, kann sich mein Scheitern langsam zu einer neuen Lebensmöglichkeit wandeln«.[13]

Ja, erst nach dem Akzeptieren des Scheiterns sind das »Unterscheiden« (Was muss ich loslassen, was darf ich behalten?) und das »Entscheiden« (d. h. das Beenden der Scheide) möglich – erst dann kann sich ein neuer Weg zeigen.

Nachfolgend einige Fragen, die dabei helfen, eine positive Einstellung zur aktuellen Lebenssituation oder einem schwierigen Ereignis aus der Vergangenheit zu gewinnen. Vor der Beantwortung jeder Frage halten Sie bitte inne und spüren in sich hinein.

Übung
Perspektivenwechsel (Reframing [14]):
• Gibt es etwas an Ihrer jetzigen Lebenssituation/einem früheren Ereignis, das Sie belastet? Ein Lebensbereich/Thema, wo Sie das Gefühl haben, gescheitert zu sein? Was ist es? (Bitte nur die Fakten aufzählen)

---

12 Irmtraud Tarr, Das Donald-Duck-Prinzip. Scheitern als Chance für ein neues Leben, Gütersloher Verlagshaus, 2006, S. 14
13 Anselm Grün, Gescheitert? Deine Chance, Vier-Türme-Verlag, 3. Auflage 2004, S. 84 f.
14 Das Wort »Reframing« (engl. »einen neuen Rahmen geben«) wird im lebensberatenden Kontext für Übungen verwendet, die zu einem Perspektivenwechsel einladen

- Können Sie Ihr Herz für die Situation/das Ereignis öffnen, während Sie sich eingestehen, dass hier die Dinge nicht so gelaufen sind, wie Sie es sich gewünscht hätten?
- Wie fühlen Sie sich, wenn Sie daran denken? Finden Sie das möglichst treffende »echte« Gefühl. Es geht um Gefühle, die Sie in Ihrem Körper fühlen können, wie z. B. traurig etc.
- Welche Bedeutung verleihen Sie dieser Situation/dem Ereignis?
- Können Sie erkennen, dass allein Sie es sind, der/die diese Bedeutung verleiht, niemand sonst?
- Welche andere, positive Bedeutung könnte diese Situation/das Ereignis günstigstenfalls haben?
- In welchem Zusammenhang/unter welchen Umständen wäre Ihnen klar, dass die belastende Situation/das unangenehme Ereignis und alle damit zusammenhängenden Schwierigkeiten etwas sehr Sinnvolles sind?
- Warum könnte die Lebenssituation/das Ereignis genau das Richtige für Sie sein?
- Welche Chancen könnten aus der Situation/dem Ereignis günstigstenfalls entstehen?
- Unter realistischer Betrachtungsweise: Wie könnte die Situation/das Ereignis sich günstigstenfalls weiterentwickeln?
- Wenn Sie sich gedanklich in die Zukunft versetzen: Wozu könnte Ihre Lebenssituation/das Ereignis gut gewesen sein? In einem Jahr, in fünf Jahren?
- Was kann Sie Ihr Scheitern günstigstenfalls lehren, was können Sie davon lernen?
- Stellen Sie sich einmal vor, Sie hätten die Lebenssituation/das Ereignis nie gehabt: Gibt es daraus Errungenschaften, Erkenntnisse, Situationen, für die Sie dankbar sind, die Sie aber sonst nie erfahren hätten?
- Wie fühlen Sie sich nun, wenn Sie an die Lebenssituation/das Ereignis denken? Hat sich für Sie etwas verändert?

Verantwortung gegenüber dem Scheitern

Einen rückgratstärkenden Sinn bekommt das Scheitern in dem Augenblick, wo der Betroffene erkennt, dass er vielleicht nicht für das Scheitern, sehr wohl aber gegenüber dem Scheitern verantwortlich ist. Und wenn er sich aufmacht, aus dieser Verantwortung heraus sein Leben weiterzuführen. Wird Scheitern als Beitrag zur eigenen Biografie verstanden und gewürdigt, öffnet es den Raum dafür, zu einer Chance zu werden.

Übung: Meister des Lebens

Hier einige Überlegungen, die Ihnen helfen können, die Verantwortung gegenüber dem eigenen Scheitern konstruktiv zu nutzen:

- Was gibt es an Ihrer jetzigen Lebenssituation/einem früheren Ereignis, das Sie belastet? (Bitte nur die Fakten aufzählen)
- Welche Einstellung haben Sie dazu?
- Wenn Sie sich vorstellen, das Leben spricht zu Ihnen durch die aktuelle Lebenssituation, was wäre eine »stimmige« Antwort, die Ihrem wahren Sein entspricht?
- In welchem Bereich verhalten Sie sich stimmig? Und wo nicht so ganz? Was könnten Sie anders machen/verbessern?
- Wie würde sich ein Meister des Lebens in Ihrer aktuellen Situation verhalten?
- Was würden Sie auf dem Sterbebett gern über sich und Ihr Verhalten in ihrer jetzigen Situation sagen können?
- Wer könnten Sie (günstigstenfalls) werden, wenn Sie die Herausforderung, die in Ihrer aktuellen Situation liegt, annehmen?

Früher wollte ich ein erfolgreicher Millionär werden
und der größte Liebhaber von München.
Jetzt will ich nur noch eines: Aus München wegziehen.

(Klaus Jürgen Becker, Buchautor)

Wie Sie Ihren Selbstwert auch nach einem Scheitern beibehalten können

Viele Menschen sind gewohnt, ihren Selbstwert aus dem Vergleich mit anderen zu ziehen. Im Scheitern entfällt diese Möglichkeit. Wenn es dem Gescheiterten gelingt, von Bestätigung Abstand zu gewinnen, verliert dieser äußere Maßstab an Gewicht.

»Nichts wäre schlimmer als eine Welt voller Sieger. Es sind die Verlierer, die das Leben erträglich machen.«[15]

Im Zweifel über seinen Selbstwert bekommt der Sinnsuchende eine neue Perspektive geschenkt. Er fragt sich nicht mehr: »Bin ich gut?« (in Konkurrenz zu anderen), sondern: »Wofür bin ich gut? « (im Sinn von: nützlich für das Allgemeinwohl).

Wenn ein Mensch in einer schwierigen Situation den Mut zu einem Perspektivenwechsel aufbringt und sich in den Dienst des Allgemeinwohls stellt, wird das Leben auf diese Haltung antworten. Insofern, als es den Betroffenen einen Sinn im Scheitern entdecken lässt.

Der Sinn, der einen »Gestrandeten« durch sein Scheitern trägt, ist nicht ontologischer, religiöser oder philosophischer Natur, fragend: »Was ist der Sinn des Lebens«? Der kraftspendende Sinn ist vielmehr existenzieller Natur. Er offenbart sich, sobald der Gescheiterte sich nicht mehr nur an Vorteilsdenken, Nützlichkeit oder Zweckoptimismus orientiert. Was zählt ist, das Leben nach inneren Werten und Prinzipien auszurichten im Sinn von: »Wenn ich schon gescheitert bin, dann will ich wenigstens aufrecht scheitern. Da ich nichts mehr zu verlieren habe, kann ich es mir auch leisten, »stimmig« zu leben!«

So unangenehm Scheitern ist, kann es doch zugleich Auslöser für eine Metanoia (= Umkehr des Denkens, von griech. »noein« = denken, und »meta« = um) sein. Der durch sein Scheitern frustrierte Mensch bekommt auf einmal einen »Schub«. Dieses Wort stammt

---

15 Wolf Schneider, Große Verlierer, rororo Verlag 2006, S. 314

aus dem Hebräischen und bedeutet ursprünglich: Komplette Neuorientierung des Menschen in seiner Beziehung zur gesamten Existenz. Genauso können wir dieses Phänomen verstehen, wenn – um mit einem Paradox zu sprechen – Scheitern »gelingt«.

Die deutsche Entsprechung für »Schub« lautet »Buße«. Dieses Wort entstammt dem althochdeutschen Begriff »Bass«, wortverwandt mit »besser«, was früher schon »Nutzen, Vorteil, Besserung« bedeutete und nichts mit Selbstanklage zu tun hatte.

Scheitern lädt also zu einer Lebenskorrektur ein, umzukehren, einen Schub zu machen und »ein anderer« zu werden.

Vergängliche Nutzwerte, die der Befriedigung dienen, wie z.B. Konsumgüter, verlieren angesichts einer auf höhere Prinzipien ausgerichteten Haltung ihren Griff auf das menschliche Befinden. Stattdessen tauchen erfolgsunabhängige Eigenwerte (innerste Werte) auf. Diese Eigenwerte, die durch einen Menschen in die Welt treten wollen, sind unterschiedlich. Ein Robin Hood nimmt es vielleicht mit dem Wert »Offenheit« nicht so genau, aber er verfügt über einen starken Gerechtigkeitssinn. Und Väterchen Timofei Wassiljewitsch Prochorow nahm es mit der öffentlichen Ordnung nicht so genau, aber er verfügte über eine ausgesprochen liebenswürdige Individualität.[16]

Es geht also nicht darum, öffentliche Werte zu leben, sondern den eigenen Werten, die man im Innersten trägt, nachzuspüren und sich an jene zu halten, die innerlich am deutlichsten bejaht werden.

Erst durch den innersten Kern des Menschen, das In-die-Welt-Tragen der Eigenwerte, kann sich Erfüllung zeigen – als Ausdruck im Leben, als innere Berufung, als Daseinsform –, für die es sich (unabhängig vom Grad des Gelingens) zu leben lohnt. Die neuen, tieferen Werte tragen den Menschen dann durch sein weiteres (Er-) Leben.

---

16 Väterchen Timofei war ein russischer Eremit in München. Er wurde 110 Jahre alt und lebte jahrzehntelang in einem ohne Genehmigung erbauten Haus (»Schwarzbau«)

Gedanken zum Thema Scheitern:

- Die Welt teilt sich nicht in Gescheiterte und Sieger, sondern in solche, die das Scheitern nutzen, um zu wachsen und zu reifen, und solche, die das nicht können.
- Im Scheitern zeigt der Mensch sein wahres Ich bzw. es offenbart sich ihm.
- Die Enthüllung der Daseinstäuschungen gibt den Blick frei auf das, was dahinter ist, auf das Etwas, »das trägt«.
- Im Durchleben des Scheiterns entstehen die Energien, die zu einem reiferen Bewusstsein führen können.
- Sinnvoller Umgang mit Scheitern ist keine passive Hinnahme, sondern eine ständige Auseinandersetzung.
- Das Potenzial, das im Scheitern verborgen liegt, ist die Möglichkeit, die eigene Negativität kennenzulernen, zu transformieren und Selbstliebe zu lernen. Erfolgreiches Scheitern führt in die Intimität mit sich selbst.
- Der erfolgreich Gescheiterte wird zum Segen und Nutzen für die Welt, weil er im Umgang mit sich selbst gelernt hat, mitfühlender gegenüber anderen zu werden. Wenn es gelingt, Scheitern als Brennstoff zu nutzen, um mitfühlender zu werden, hat Scheitern seinen Sinn erfüllt.

Übung

Gedanken zu erfolgsunabhängigen Eigen-Werten:

- Für wen oder was können Sie in Ihrer jetzigen Lebenssituation ein wertvoller Beitrag sein?
- Haben Sie diese Chance schon genutzt und falls nein: Was brauchen Sie, um diese Chance nutzen zu können?
- Was ist Ihr Beitrag, den Sie allein durch Ihr »So-Sein« bereits (oftmals unerkannt) gegenüber dem großen Ganzen leisten?
- Was ist Ihnen heilig (unabhängig davon, ob Sie damit Erfolg haben)? Welcher Wert steckt dahinter? Wie möchte dieser Wert durch Sie in die Welt kommen?

- Was hilft Ihnen, sich auf das Leben »wie es ist« einzulassen und Ihre innersten Werte in Ihre aktuellen Lebensumstände hineinzubringen?
- Welche Neuorientierung Ihrer Werte würde Ihnen einen deutlichen »Schub« bringen?

Jeder Mensch braucht läuternde Misserfolge.

(Hans-Jürgen Quadbeck-Seeger[17])

Hilfreiche Einstellungen zum Scheitern

- Dem Scheitern den Makel abstreifen!
- Trauerarbeit leisten (fühlen)!
- Eine Einstellung suchen, die dem Scheitern standhält, eine Lebenskorrektur (»Wertewandel«), die das Wesentliche und Wertvolle zeigt.
- Scheitern als einen (unbequemen) Freund sehen, dessen wahres Gesicht man noch nicht erkannt hat.
- Nicht für das Scheitern, sondern ihm gegenüber verantwortlich sein. Ersteres schließt uns in das Gefängnis der inneren Bewertungen ein, Letzteres öffnet uns gegenüber dem Leben.
- Statt uns selbst für unser Scheitern und Versagen zu verdammen, die Erfahrung des Leidens nutzen, um mitfühlender zu werden, das Herz weicher zu machen.
- Dem Scheitern in einer bewussten und wertschätzenden Haltung begegnen. So wird Scheitern eine Chance, seelisch zu reifen, liebende Güte und Selbstliebe zu lernen.

Worauf ich in meinem Leben am meisten stolz bin, das sind nicht meine sogenannten Erfolge, sondern wie ich es geschafft habe, mit meinem Scheitern umzugehen.

(Ein weiser Mann am Lebensende)

17 Deutscher Chemiker, Erfinder, Manager und Buchautor, Mitglied der Enquete-Kommission des Deutschen Bundestages »Chancen und Risiken der Gentechnologie«, Träger des Bundesverdienstkreuzes Erster Klasse

Begleitung eines anderen Menschen im Scheitern
»Wer den Schaden hat, braucht für den Spott nicht zu sorgen« sagt
der Volksmund. Es hilft einem Menschen nicht, dessen Lebenskonzept zusammengebrochen ist, wenn wir ihm sagen, dass sein Scheitern zu erwarten war.

Es hilft auch wenig, dem Gescheiterten vorzuhalten, er habe
nicht positiv gedacht bzw. gehandelt und sei deshalb gescheitert.
Behauptungen wie diese entstammen einer dogmatisch verstandenen »Erfolgsreligion«. Sie vermitteln dem Gescheiterten Schuldgefühle statt Hilfe. Ähnliches gilt für die esoterische Beurteilung
von Kranken. Der Homöopath Herbert Fritsche schreibt in diesem
Zusammenhang:

*»(…) muss den Kranken beschuldigen! Sie reicht ihm keine Arznei,
sondern ein Sündenregister!!! (…) Von Heilkunst als Weltmitte kann
keine Rede mehr sein, statt Ecce homo lautet der Wahlspruch ›Ecce
Dryopithecus‹ (welch prächtiger Affe – sic!!!).«*[18]

Wer sich überheblich über den Gescheiterten stellt und ihn verurteilt, fügt dem Leiden eine zusätzliche Dimension hinzu, ohne den
innersten Kern zu berühren.

Angesichts des Scheiterns eines anderen insgeheim oder offen zu
triumphieren, ist niveaulos. Ebenso respektlos ist es, sich überlegen
und in düsteren Vorahnungen bestätigt zu fühlen und mit besser-
wisserischen Ratschlägen um sich zu werfen. Ein ungebetener Rat-
Schlag ist und bleibt ein Schlag – er kann für manchen zum Sarg-
nagel werden.

Nutzen wir die Begegnung mit einem Gescheiterten auch für einen Blick hinter unsere eigenen Masken: Treffen wir auf Menschen,
die sich als gescheitert erleben, entwickeln wir Beklemmungen und
sind versucht, ihnen aus dem Weg zu gehen. Da wir dem Ideal des
Wohlstands und der Perfektion nacheifern, haben wir vielleicht
Angst, uns durch den Kontakt mit »Versagern« zu beschmutzen.

18 Herbert Fritsche, Die Erhöhung der Schlange, edition winterwork, 1. Auflage 2011, S. 141

Das Scheitern anderer verunsichert uns selbst. Es stellt uns die Frage, ob unser Lebenskonzept authentisch ist, oder ob wir nur so weitermachen, weil ein Ausbruch aus dem Gewohnten uns zu viel Angst macht. (…) Wenn wir unser Leben ehrlich anschauen, werden wir darin auch Situationen finden, in denen wir gescheitert sind, in denen Illusionen zerbrachen (…), in denen es nicht mehr weiterging.[19]

Als Begleiter kann man sich vom Scheitern eines anderen berühren lassen. Möglicherweise berührt dieses Scheitern eigene unterdrückte Lebensbereiche oder Gedanken. Es ist auch für den Begleiter möglich, aus dieser Berührbarkeit an seelischer Größe zu gewinnen. Der Begleiter sollte jedoch darauf achten, immer wieder in seine innere Mitte zurückzukehren.

Der Gescheiterte muss, wie bereits erwähnt, einen Trauerprozess durchlaufen, damit er sein Scheitern annehmen, loslassen und sich neu orientieren kann. Um ihm dies zu ermöglichen, sollten wir ihm gegenüber auf den zweifelhaften Genuss jeder Selbstbestätigung verzichten. Wir sollten dem Gescheiterten Raum geben, Schwäche zeigen zu können, ohne sich dadurch zu Überheblichkeit provozieren zu lassen. Der Philosoph Theodor W. Adorno (1903–1969, eigentlich Theodor Ludwig Wiesengrund) schreibt in seinem Werk »Minima Moralia – Reflexionen aus dem beschädigten Leben«:

»Geliebt wirst du einzig, wo du schwach dich zeigen darfst, ohne Stärke zu provozieren.«

Dies ist der Raum, den wir einem Gescheiterten anbieten sollten. Wenn wir uns daran erinnern, dass wir alle einmal Kinder waren, die vieles falsch bzw. schlechter als die Erwachsenen gemacht haben, kann uns dieser Gedanke helfen, nachsichtiger mit Fehlern umzugehen, eigenen wie auch denen anderer. Mitleidsbekundungen sind nicht hilfreich, da sie dem Gescheiterten seine Würde nehmen.

19 Zitat aus: Anselm Grün, Gescheitert? Deine Chance!, S. 141

Die angemessene Haltung gegenüber einem Gescheiterten ist:
• Mitfühlen, ohne im Mitleid zu versinken
• Das Scheitern ehren, statt es zu verdammen
• Mut für den weiteren Weg zusprechen, statt zu verurteilen.

Das Scheitern ist auch kein »Betriebsunfall«, der dringend repariert werden muss, indem die alten Lebensumstände wiederhergestellt werden. Wenn ein Samenkorn aufbricht, wird es nie mehr das sein, was es vorher war – es kann nur in aller Zartheit und mit allen Risiken sich zu einer Pflanze entwickeln und dadurch eine andere Daseinsstufe erreichen.

Eine wunderbare Haltung, die man gegenüber einem Gescheiterten aufbringen kann, ist die einer Freundschaft, einer nicht urteilenden Begleitung durch alle Höhen und Tiefen, vielleicht sogar vergleichbar einer Sterbebegleitung (was sie, bezogen auf das zu begrabende Projekt, oftmals auch ist). Behandeln Sie den Gescheiterten respekt- und würdevoll. Betrachten Sie sein Scheitern nicht als Makel, sondern wertfrei als Erfahrung, bei der Sie ihn begleiten dürfen.

Erfolg und Versagen sind subjektive Erfahrungen. Das aus Erfahrungen, in denen die Dinge anders liefen als gewünscht, generierte Inkompetenz-Gefühl ist ebenfalls subjektiv, schwächt den Menschen jedoch sehr. Möglicherweise können Sie dem Betroffenen durch geschickte Fragen helfen, seinem Leben eine positive Bedeutung zu geben, die ihn wieder an sein Kompetenz-Erleben, an seine Stärken erinnert.

Manchmal können und dürfen Sie Hilfe leisten – sofern der Gescheiterte damit einverstanden ist bzw. sich diese ausdrücklich wünscht: Spüren Sie hin und fragen Sie sich, ob und welche praktische oder materielle Hilfe angemessen ist.

Oft aber ist Hilfe ausdrücklich unerwünscht. Auf einem T-Shirt las ich einmal folgenden Satz: *»Bitte nicht helfen, es ist schon so schwer genug!«* Fragen Sie also, bevor Sie Hilfe anbieten, ob diese auch wirklich erwünscht ist.

Es ist nicht ratsam, jemandem, der sich im Abwärtsstrudel befindet, einfach nur Geld oder materielle Hilfe hinterherzuwerfen und/oder seine eigenen Mittel in falsch verstandenem Samaritertum zu erschöpfen. Wenn Sie den Betroffenen und seine Situation auf sich wirken lassen, spüren Sie in Ihrem Inneren, ob und in welchem Ausmaß es angebracht ist, auf der materiellen Ebene Unterstützung zu leisten oder nicht.

Gegen Ende des Buches finden Sie eine Übung – Atishas Herz/Tonglen –, die Sie für einen anderen Menschen, der sich in einer schwierigen Situation befindet, durchführen können.

Ich kann dir nicht helfen,
aber ich kann zusammen mit dir weinen!
(Trost eines weisen Mannes)

Erfolgreiches Scheitern – ein Leben aus der Fülle des Seins
Misserfolg, Versagen, Scheitern einerseits und Erfolg und Gelingen andererseits sind Lebensereignisse, die das Herz wesentlich besser würdigen kann als der Intellekt. Wenn wir uns von den erwünschten wie von den unerwünschten Ereignissen tief im Herzen berühren lassen, nähren und erweitern sie unsere Seele und unser Bewusstsein, egal wie es kommt.

Fülle, das ist alles, was uns im Leben geschieht: eine Fülle an Erfolgen, an Misserfolgen, eine Fülle an Sinneseindrücken, Zuschreibungen, Möglichkeiten. Um sich diese gewaltige Fülle des Lebens bewusst zu machen, stellen Sie sich einmal vor, Sie würden allein im menschenleeren Weltraum schweben, ohne Kontakt, ohne Ereignisse – wäre dies nicht langweilig? Allein dadurch, dass Sie auf der Welt sind und an der gewaltigen Fülle der Ereignisse teilnehmen dürfen, sind Sie bereits privilegiert.

Leben verläuft nie linear. Wie bei den Börsenkursen gibt es Auf und Ab, die meist unvorhersehbar sind. Die Versuchung ist groß, wenn Dinge misslingen, in der Verhärtung zu bleiben und die enorme Kraft, die im Scheitern verborgen liegt, zu negieren. Die

Gefahr besteht, zu resignieren und im Extremfall diese Kraft gegen sich selbst zu richten.

Ähnlich wie »erfolgreiches Altern« gibt es auch – so paradox es klingt – erfolgreiches Scheitern. Das Attribut »erfolgreich« bezieht sich hier aber nicht auf das gewünschte Endergebnis, sondern auf die Art und Weise, wie man Schwierigkeiten und dem eigenen Scheitern begegnet.

Es sind also selten die Umstände und Ereignisse, die Auskunft darüber geben, ob jemand sozusagen erfolgreich oder erfolglos gescheitert ist. Man müsste tief ins Herz eines Menschen hineinblicken können, um erfolgreiches und erfolgloses Scheitern voneinander unterscheiden zu können. Oft weiß es der Betroffene selbst nicht, vor allem dann, wenn er noch mitten im Prozess der Verarbeitung der Ereignisse steckt.

Es gibt eine Haltung, die im Versagensfall »erfolgreiches Scheitern« begünstigt: Im Scheitern dieser verborgenen transformierenden Kraft nachspüren, sie freilegen, in konstruktive Bahnen lenken und sich so erlauben, »ein anderer« zu werden – wie eine Schlange, die sich häutet; das Scheitern als Läuterungsprozess nutzen und, positiv gewandelt, voller Hingabe und Offenheit die eigenen Begabungen und Talente in den Dienst des Lebens stellen.

Gelingendes Leben – zwei Wege zum Glück
Das Gegenteil von Scheitern ist Gelingen. Dieser Begriff kommt vom althochdeutschen »gilingan« und bedeutete ursprünglich »ohne Schwierigkeiten vonstattengehen«. Sprachlich ist das Gelingen verwandt mit dem Wort »leicht« im Sinn von »ohne große Anstrengung«. Heute wird Gelingen meist im Zusammenhang mit »glücken, wunschgemäß verlaufen, fertigbringen« verwendet.

Es gibt zwei Arten von Gelingen:
• Gelingen, das auf Naturtalent, Begabung beruht. Der Talentierte weiß oft gar nicht, warum die Dinge bei ihm so gut laufen. Er kann es meist auch den anderen nicht erklären, sondern macht

die Dinge unbewusst richtig. Vielleicht ist Wolfgang Amadeus Mozart ein Paradebeispiel für diese angeborene Genialität.
• Gelingen, das aus dem Scheitern hervorgegangen ist, so wie der sagenumwobene Phönix-Vogel aus der Asche.

Der Jesuit Teilhard de Chardin (1881–1955) geht davon aus, dass der Gescheiterte, wenn er sein Scheitern zur Neuorientierung nutzt, die Chance hat, in etwas hineinzufallen, das größer ist als er selbst (etwas »Göttliches«), zumindest ehrlicher und authentischer zu werden als in Zeiten, in denen alles wunschgemäß verlief.

Wenn auf dem Scheiterhaufen des eigenen Scheiterns alles Kleinliche, Ich-Behaftete verbrannt ist, öffnet sich dem Betroffenen das Potenzial, sich auf die Kräfte des Universums einzustimmen und in Einklang mit diesen zu leben und zu handeln.

Dann kann es sein, dass auf einmal die Dinge gelingen, die zuvor dauernd schiefgegangen sind. Schweres wird leicht, Gelingen wird einfach, weil im Übersteigen des »kleinen Ich« die Tuchfühlung mit der größeren Kraft des Universums erlebt und die Kooperation mit dieser Kraft angestrebt und ausgedrückt wird. Manchmal finden wir gerade im hingebungsvollen Scheitern und in der Hingabe an eben diese Kraft unsere wahre Bestimmung.

Wie wir den Kontakt zu dieser universellen Kraft herstellen können, werden wir ausführlich in einem späteren Teil dieses Buches erfahren.

Alle Dinge sind schwierig,
ehe sie leicht werden.
(Sprichwort)

Ungewöhnliche Beispiele für Erfolg und Scheitern – was wir aus ihnen lernen können

Nachfolgend haben wir einige Zeugnisse von gelebtem Leben herausgesucht, die sich besonders für die Reflexion eignen. Jedes dieser Beispiele – von Literaten bis zu Politikern und Sportlern – ist repräsentativ für eine ganz bestimmte Art und Weise, dem Scheitern zu begegnen. Vielleicht haben Sie an der einen oder anderen Stelle die Möglichkeit, Vergleiche zu Ihrem eigenen Leben zu ziehen?

Literatur

Die Feder überlebt den Zahn der Zeit – Leo Tolstoi

Lew Nikolajewitsch Tolstoi (1828–1910) entstammte dem russischen Hochadel. Sein Vater war ein berühmter Graf[20], seine Mutter eine angesehene Fürstin[21]. Bereits mit neun Jahren wurde er Vollwaise, seine Tante väterlicherseits übernahm die Vormundschaft. Er betrieb verschiedene Studien an der Universität , die er jedoch abbrach. Inspiriert durch die »Evangelien« erwachte in Tolstoi das soziale Gewissen.

Tolstoi begann, sich für die Armen und Entrechteten einzusetzen, schrieb Schulbücher und beteiligte sich an der Gründung von Dorfschulen. Er stellte auf vegetarische Ernährung um, auch als Protest gegen die Feinschmeckerei und »Gefräßigkeit« in den etablierten Kreisen Russlands. Immer mehr wandte sich der Schriftsteller von

20 Nikolai Iljitsch Tolstoi (1794–1837)
21 Fürstin Wolkonskaja (1790–1830)

der kirchlich-rituellen Lehre ab und verwies auf die schlichten Lehren Jesu, was ihm den Zorn der etablierten Kirche einbrachte. Politische Intrigen wurden gegen ihn geschmiedet. Ab 1882 wurde er unter polizeiliche Überwachung gestellt. Sein Buch »Worin mein Glaube besteht« wurde verboten. Im Februar 1901 wurde Tolstoi exkommuniziert. Bei einer Hausdurchsuchung im Jahr 1908 wurden alle von ihm auffindbaren Texte konfisziert. Es wurde über ihn das Gerücht verbreitet, er sei geistesgestört. Seine Frau Sofia, mit der er 13 Kinder hatte, entfremdete sich immer mehr von ihm, sodass er auch kein Zuhause mehr hatte. Auf einer Zugreise im Jahr 1910 erkrankte Tolstoi an einer Lungenentzündung und starb elend in einem Bahnwärterhäuschen.

Gemessen an seinen Lebensumständen war Tolstois Leben ein einziges Scheitern: Studienabbrecher, von seiner Herkunftsklasse (dem Adel) verachtet, von der Kirche exkommuniziert, als politische Gefährdung vom Staat bespitzelt, für geistesgestört erklärt, mit der eigenen Familie zerstritten, erbärmlicher Tod.

Doch es gibt auch eine andere Perspektive:

Tolstoi war der Vorreiter des kulturellen und politischen Wandels in Russland, einer der großen, unerkannten Lehrer seiner Zeit. Der Autor von »Krieg und Frieden, »Anna Karenina« und über 150 weiteren Romanen, Volkserzählungen und andere Werken (u. a. »Wo Liebe ist, da ist auch Gott«, »Das Karma«, »Das Himmelreich in euch«, »Was ist Geld?«) gilt als einer der größten Schriftsteller, die Russland jemals hervorgebracht hat.

Tolstoi war kein Mensch, der auf die Barrikaden ging – er wirkte durch das geschriebene Wort. Seine Gedanken waren von einer Tragweite, die eine empfangsbereite Nachwelt erreichte. Er kann als Beispiel dafür dienen, allen Widrigkeiten zum Trotz der eigenen Linie treu zu bleiben und die umfassende Entwicklung der Menschheit im Auge zu behalten.

Übung

Fragen zur Selbstreflexion:

- Gibt es einen essenziellen Wert, der Sie im Innersten berührt und für den es sich lohnt, das eigene Leben zu geben? Welcher könnte dies sein?
- Gibt es eine Art »innere Linie« bzw. »innere Lebensspur«, in der Sie Ihre Bestimmung finden?
- Haben Sie sich in Ihrem Leben schon einmal für Entrechtete oder vom Leben Benachteiligte eingesetzt?
- Wie ist es um Ihr »soziales Gewissen« bestellt und worin liegt Ihr Beitrag zum Kollektiv?

Mein Gartenhäuschen verbrannte.
Nun steht nichts mehr zwischen mir und dem Mond.
(Aus dem ZEN)

Malerei

Anerkennung posthum – Vincent Willem van Gogh

Auch große Genies haben immer wieder Probleme mit dem Selbstwert und der Selbstliebe, im Extremfall bis hin zum Selbstmord. Vincent van Gogh (1853–1890) ist ein typisches Beispiel dafür.

Betrachten wir das Leben des niederländischen Malkünstlers aus der menschlichen Perspektive, war es ein einziges, fortwährendes Trauerspiel: Mit 20 Jahren war er unglücklich verliebt in die Tochter seiner Vermieterin. Mit 22 Jahren wurde ihm von der Kunsthandlung, in der er gearbeitet hatte, gekündigt. Daraufhin suchte van Gogh Erbauung in der Bibel und in Erfolgsbüchern, war als Hilfspfarrer tätig, versuchte Latein, Griechisch und Mathematik zu studieren, machte eine Ausbildung zum Laienprediger. Doch stets scheiterten seine Versuche, entweder, weil er selbst die Ausbildung nicht fortsetzen konnte, oder weil seine Ausbildner ihn für ungeeignet hielten.

Mit 25 Jahren erhielt van Gogh eine Anstellung als Hilfsprediger in einem belgischen Steinkohlerevier. Voller Mitleid verschenkte van Gogh seine Kleidungsstücke. Er ließ sich gehen, vernachlässigte seine äußere Erscheinung, woraufhin ihm einmal mehr gekündigt wurde. Erst mit 27 Jahren entschied er sich, Maler zu werden.

Im Gegensatz zu späteren Genies wie Picasso oder Dali wollte zu Lebzeiten nahezu niemand van Goghs Bilder erwerben. Damit er finanziell zurechtkam, musste sein jüngerer Bruder Theo für ihn einspringen – im Gegenzug erhielt dieser einen Großteil seiner, damals wertlosen, Gemälde.

Im Sommer 1881 verliebte sich van Gogh in seine Cousine Kee Voss, die ihn jedoch abwies. Seine Aufdringlichkeit brachte ihm den Zorn der gesamten Verwandtschaft ein und führte zum Hinauswurf aus seinem Elternhaus. Daraufhin suchte er sein Liebesglück bei der Gelegenheitsprostituierten Clasina Hoornik und bei seinem Modell Sien, mit dem er zeitweise zusammenlebte. Nach dem Scheitern dieser Beziehung verkehrte van Gogh ausschließlich mit leichtlebigen oder billigen Prostituierten.

Um in geheizten Räumen malen zu können, besuchte er mit 32 Jahren Kurse an der Kunstakademie Brüssel. Auch dort wurde er als Sonderling und Außenseiter betrachtet. 1886, vier Jahre vor seinem Tod, zog er zu seinem Bruder Theo, der ihn nur widerwillig aufnahm. Die Beziehung zwischen den beiden war mittlerweile stark belastet. Später zog er weiter an die Côte d'Azur. Van Gogh malte unermüdlich, auch um Theo, in dessen Schuld er sich zutiefst fühlte, einen Gegenwert für die finanziellen Unterstützungen zu bieten.

Ein bekanntes Selbstporträt dokumentiert die Verstümmelung von van Goghs Ohr. Zu dieser Verletzung gibt es verschiedene Theorien. Eine davon besagt, dass der Maler Gauguin, mit dem van Gogh bekannt war, ihm im Streit das Ohr abgeschnitten habe. Um Gauguin vor einer Strafverfolgung zu schützen, habe van Gogh behauptet, er selbst habe sich das Ohr abgeschnitten.[22] Nach einer anderen Version soll eine Prostituierte van Gogh gesagt haben, dass

---

22 Siehe dazu: Hans Kaufmann und Rita Wildegans, Van Goghs Ohr. Paul Gauguin und der Pakt des Schweigens, Osburg Verlag, 2008

sein Ohr das Einzige sei, was sie an ihm schön fände, woraufhin van Gogh sich das Ohr abgeschnitten habe, um es ihr zu schenken. Die dritte Version ist, dass van Gogh in seinen letzten Jahren geisteskrank geworden sei und im Wahn Selbstverstümmelung betrieben habe.

Tatsächlich wurden bei van Gogh in seinen letzten beiden Lebensjahren psychische Erkrankungen, verbunden mit Wahnvorstellungen, diagnostiziert. Er wurde deshalb in die Nervenheilanstalt in Saint-Rémy-de-Provence eingewiesen, in der zahlreiche seiner Bilder entstanden. Dort erlitt er einen schweren Anfall, in dessen Verlauf er versuchte, giftige Farben zu schlucken. Danach wagte er sich für Wochen nicht aus dem Haus, malte jedoch mehrere Selbstporträts. 1890 wurde seinem Antrag auf Entlassung stattgegeben mit der Auflage, dass jemand ihn betreuen müsse. Der Arzt und Kunstfreund Paul Gachet war bereit, sich seiner annehmen. Mit seinem Bruder Theo kam es in dieser Zeit mehrfach zu Auseinandersetzungen. Zudem hegte van Gogh eine Liebe zur 21-jährigen Tochter Gachets, die dieser jedoch verbot. Am 29. Juli 1890 starb van Gogh, nachdem er sich eine Kugel in die Brust geschossen hatte.

Bereits kurz nach seinem Tod wurden seine Werke zu guten Preisen verkauft, sein Ruhm wuchs. Im April 1987 wurden für sein Gemälde »Sonnenblumen« 39,9 Millionen US-Dollar und im Jahr 1990 für sein »Porträt des Dr. Gachet« 82,5 Millionen US-Dollar bezahlt. Van Gogh hinterließ aus seiner zehnjährigen Schaffensperiode über 800 Gemälde und 1000 Zeichnungen. Er gilt als Mitbegründer der modernen Malerei und ist heute laut Meinungsumfragen der bekannteste und beliebteste Maler überhaupt.

Betrachten wir van Goghs Leben äußerlich, sind wir womöglich tief erschüttert über das Schicksal eines Gescheiterten: Mittellos, verspottet, im Alter schwer krank und zudem geisteskrank – was kann es Schlimmeres geben?

Schauen wir uns das Lebenswerk van Goghs aus der künstlerischen Perspektive an, staunen wir über Stil, Farbgebung und Pinselführung dieses Genies. Es ist, als ob er in der Lage gewesen sei, wie kein zweiter Maler seiner Zeit, das hintergründige Wesen von

Situationen und Dingen, insbesondere der Natur, auf Leinwand zu bannen.

Vielleicht gibt es noch eine dritte Perspektive, die menschliche: Van Gogh galt zwar als extrem schwieriger, verschrobener Charakter, doch zeigte er (wahrscheinlich aufgrund seines eigenen Leidens) zeitlebens ein Herz für vom Schicksal benachteiligte, arme Menschen, denen er immer wieder, wie ein barmherziger Samariter, von seinem geringen Hab und Gut etwas schenkte. Kunstkritiker glauben in van Goghs Porträt des Kunsthändlers Père Tanguy (1887/88) eine große Güte zu sehen, die van Gogh möglicherweise – ungeachtet alles Selbstzerstörerischen – in sich trug.

Vermutlich war die Härte seines Schicksals genau die Keimstätte für den außergewöhnlichen Seelenausdruck, den van Gogh in seine Bilder hineinlegte. Hier erinnert er an viele tragische Künstler, die aus der Tiefe ihres Scheiterns heraus Gewaltiges für die Nachwelt schufen. War es für solche Genies das Dunkel ihrer Nacht, das ihnen ermöglichte, die Sterne des Geistes leuchtender zu beschreiben als andere?

Die Biografie Vincent van Goghs und sein posthumer Erfolg werfen auch die Frage auf, was wir selbst einmal unserer Nachwelt hinterlassen werden. Wir sind eingeladen, der eigenen Kreativität Ausdruck zu verleihen – unabhängig davon, ob wir dafür öffentliche Anerkennung oder Schmach empfangen.

Fragen zur Selbstreflexion:
- Steckt auch in Ihnen ein unerkanntes Genie? Beschreiben Sie eine Situation, in der Sie Ihre eigene Genialität erlebten. Haben Sie sich jemals für Ihre eigene Genialität beim »lieben Gott«/der einen Kraft bedankt?
- Ehren Sie Ihre Genialität oder spielen Sie diese herunter?
- Haben Sie schon einmal erlebt, dass Ihr Genius von anderen nicht gesehen oder gar verspottet wurde? Was hilft Ihnen in so einer Situation, die eigene Genialität zu ehren und weiterhin mit ihr verbunden zu bleiben?

- Gibt es in Ihrem Leben Sponsoren, die Sie fördern, wenn Ihr Leben unter Druck gerät? Haben Sie sich bei diesen Sponsoren ausreichend bedankt? Falls nicht: Ist es Ihnen möglich, sich heute dafür zu bedanken?
- Was wird eines Tages von Ihrem Wirken zurückbleiben? Was sollte eines Tages auf Ihrem Grabstein stehen?

Der Autor und Philosoph Albert Camus hat geschrieben: *»Die Entscheidung, ob das Leben sich lohne oder nicht, beantwortet die Grundfrage der Philosophie. Aller andere ... kommt erst später.« (Albert Camus, 1958/1959, S. 10).*[23]

»Den Selbstmord sieht Albert Camus als das einzig wirklich ernste Philosophische Problem an. In der Selbsttötung vollzieht sich final das Nein des Menschen zu sich selbst. Er entkommt sich, vollzieht aber genau dadurch die Versöhnung mit seinem unversöhnten Sein.«[24]

Die Frage, ob sich das Leben lohnt oder nicht, lässt sich nicht allein aufgrund von Erfolgen und Misserfolgen, Gesundheit oder Krankheit beurteilen. Im Kontrast zu dem eher depressiven Persönlichkeitstypus van Goghs gibt es eine Malerin, die trotz schwerster Krankheit, gewaltigen körperlichen Schmerzes und harten Schicksals ihr Leben bis zum Ende in vollen Zügen feierte. Sie dient uns als Beispiel einer exzentrischen Form der Lebensbewältigung.

Inspiration und Lebenslust trotz schwerer Krankheit – Frida Kahlo

Viele Menschen betrachten Gesundheit als Selbstverständlichkeit. Krankheit erleben sie als persönliches Scheitern und drohen daran zu zerbrechen. Frida Kahlo mag ihnen ein leuchtendes Beispiel dafür sein, dass auch bei Krankheit, Leid und Schicksal die Lebenslust gelebt werden kann.

23 Zitat aus: Claus Eurich, Die heilende Kraft des Scheiterns, Verlag Via Nova, 2014, S. 40
24 Ebd., S. 44

Frida Kahlo de Rivera wurde am 6. Juli 1907 in Mexiko-Stadt geboren. Mit sechs Jahren erkrankte sie an Kinderlähmung, aus der sie ein zurückgebliebenes rechtes Bein behielt. Durch Sport versuchte sie ihre Behinderung zu kompensieren. Mit 18 Jahren wurde sie Opfer eines Busunglücks: Eine Stahlstange hatte sich in ihr Becken gebohrt. Daraufhin musste sie ihre sportliche Betätigung aufgeben und ihren Alltag immer wieder liegend in einem Stahlkorsett verbringen, sie litt lebenslang unter entsetzlichen Schmerzen. Um ein seelisches Ventil für ihr Leiden zu finden, begann sie zu malen. Viele ihrer Bilder waren Selbstbildnisse, die ihr seelisches und körperliches Leiden darstellten.

Mit enormer Willensanstrengung lernte Frida vorübergehend, den Prognosen der Ärzte zum Trotz, wieder gehen. Doch ab ihrer Lebensmitte war sie wieder ans Bett gefesselt. Mit 45 Jahren wurde ihr rechter Unterschenkel amputiert; kurz darauf starb sie 1954 an einer Lungenembolie. Doch ihre Lebenslust behielt sie, bis ihr der Atem versagte.

Frida Kahlo ist ein Beispiel dafür, dass Schmerz und schwere Krankheit kein Hindernis sind, sich aktiv und kreativ in der Welt auszudrücken, Leben zu gestalten und das Leben zu genießen. Sie hatte zahlreiche Liebesaffären und beeinflusste maßgeblich die kommunistische Bewegung (u. a. war sie eine enge Verbündete des russischen Revolutionärs Leo Trotzki). Es waren gerade die Schmerzen und die schwere Krankheit, die dazu führten, dass Frida Kahlo (anstatt Sport zu treiben) unaufhörlich malte. Heute gilt sie als die berühmteste Malerin Mexikos und weltweit vielleicht bedeutendste Vertreterin der volkstümlichen Entfaltung des Surrealismus.[25]

Das Leben von Frida Kahlo lädt ein, über eigene Handicaps und den Umgang damit zu reflektieren.

Übung

- Gibt es in Ihrem Leben ein Hindernis oder Handicap, an dem Sie gelitten haben oder heute noch leiden? Welchen Weg haben Sie gefunden, damit umzugehen?

25 Siehe dazu auch den biografischen Spielfilm »Frida« (2002) mit Salma Hayek als Hauptdarstellerin

- Gibt es etwas in Ihrem Leben, das durch Sie in die Welt hinaus
  will und das Sie bisher zurückgehalten haben? Was würde Ihnen
  helfen, Ihre Zurückhaltung aufzugeben und dieses Etwas tatsächlich zu leben?
- Was glauben Sie, gab Frida Kahlo die Kraft zu kämpfen – und
  was gibt Ihnen die Kraft dafür, sich den Herausforderungen Ihres
  Lebens auch dann zu stellen, wenn Schmerzen oder Handicaps
  Sie davon abhalten wollen?

Nachdem wir uns mit der Exzentrik und Willenskraft einer Frida
Kahlo auseinandergesetzt haben, wollen wir einen Mann zu Wort
kommen lassen, der nicht durch exzentrisches Auftreten, sondern
eher durch Bescheidenheit einen Weg gefunden hat, mit Verlust (in
diesem Fall auf materieller Ebene) umzugehen.

Politik

Machtverlust, Luxus und Bescheidenheit – Puyi von China
Sehr komplex und aufschlussreich ist die Autobiografie von Aisin
Gioro Puyi (1906–1967), des letzten Kaisers von China. Darin geben sich Gut und Böse, Höhen und Tiefen, Anmaßung und Bescheidenheit die Hand.

Puyi von China wurde im Alter von zwei Jahren in die Verbotene
Stadt[26] gebracht, um dort zum Thronfolger ausgebildet zu werden.
Als innerhalb kürzester Zeit Guangxu, der amtierende und kinder-
lose Kaiser von China (Puyis Onkel), und Cixi, die Witwe des vorangegangenen Kaisers, starben, wurde Puyi bereits als kleines Kind
in einer gewaltigen Zeremonie unter Tausenden von Zuschauern
als neuer Kaiser inthronisiert. Die Regentschaft für den minder-
jährigen Sohn übernahmen sein Vater, Prinz Chun, und Guangxus
Witwe Longyu.

---

26 Die Verbotene Stadt lag inmitten von Peking; sie war der Sitz des chinesischen Kaisers, zu dem die
   Bevölkerung keinen Zugang hatte, daher der Name

China war zu dieser Zeit durchsetzt von Chaos. Es kam zu einer Revolution und nachfolgend zur Gründung der Republik China. Das über 2000 Jahre bestehende Kaiserreich war beendet; Puyi musste am 12.2.1912 mit nur sechs Jahren abdanken. Im Gegenzug wurden ihm das unbefristete Wohnrecht in der Verbotenen Stadt und eine fürstliche Apanage zuteil. Puyi musste jedoch erleben, dass die ihn umgebenden Menschen sich an den vorhandenen Schätzen bedienten. Die meisten Verwandten erwiesen sich als nicht vertrauenswürdig. Seine Bezugspersonen waren seine Amme, sein jüngerer Bruder Pujie und seine Lehrer, insbesondere der britische Sinologe Prof. Reginald Fleming Johnston, der ihm die westliche Denkweise nahebrachte.

Der nächste Militärputsch führte dazu, dass Puyi aus der Verbotenen Stadt vertrieben wurde. Weiterhin ausgestattet mit weltlichen Gütern und Bediensteten, lebte Puyi außerhalb der Verbotenen Stadt ein Leben als Playboy im westlichen Stil, unfähig, ohne Bedienstete für sich zu sorgen.

Als die Lage in China eskalierte und ein Bürgerkrieg drohte, suchte Puyi inkognito Schutz in der japanischen Botschaft in Peking, später im japanischen Viertel der kosmopolitischen Hafenstadt Tianjin.

Während der Mandschurei-Krise zwischen Japan und China (1931) ließ sich Puyi überreden, die Kaiserschaft für den an Bodenschätzen reichen Satellitenstaat Mandschukuo in der Mandschurei zu übernehmen, jedoch unter japanischer Vormundschaft. Von japanischen Spitzeln umgeben und von der Außenwelt isoliert entwickelte er als »Marionettenkaiser« paranoide Störungen. Nachdem Japan den Zweiten Weltkrieg verloren hatte, marschierte die Sowjetunion in Mandschukuo ein. Obwohl Puyi formell abdankte, wurde er auf der Flucht von Russen gefangen gehalten und nach dem Sieg der Kommunisten in China unter Mao Tse-tung an die Volksrepublik China ausgeliefert. In dieser Zeit stand Puyi Todesängste aus. Im Gefängnis für Kriegsverbrecher musste Puyi schriftlich Selbstkritik üben und sich so der Umerziehung durch die Kommunisten beugen. Hierbei erfuhr er u. a. von den Kriegsverbrechen der Japaner gegen die Chinesen, die ihm bisher unbekannt waren und die ihn sehr schockierten. Nach der zehn Jahre dauernden »erfolgreichen Umerziehung« wurde Puyi entlassen und begnadigt. Er wurde in Peking von seinem Halbbruder Puren aufgenommen und bekam eine Anstellung als Gärtner. Später wurde er von der kommunistischen Regierung zum Mitglied des Nationalkomitees gewählt. 1964 wurde bei ihm Nierenkrebs diagnostiziert, drei Jahre später starb er.

Puyi hinterließ eine Biografie über die erste Hälfte seines Lebens. Im Spielfilm »Der letzte Kaiser« (1987) wird sein Leben dargestellt, zum Teil abweichend von seiner Autobiografie. So zeigt der Film einen Selbstmordversuch Puyis, obwohl es dafür historisch keinen Hinweis gibt. Der Film endet mit einer Szene mit Puyi als glücklichem Gärtner; Puyi wird als Mensch gezeigt, der eine Umkehr in seiner Weltanschauung erfahren hat: Weg vom wohlhabenden, lebensunfähigen Playboy und »Marionettenkaiser« hin zu einer Person, die sich bescheiden um die Blumen kümmert, mit sich im Reinen ist und sich selbst versorgen kann. Ob dies der Fall war, wissen wir nicht.

Der Nierenkrebs Puyis lässt vermuten, dass die Umerziehung Puyi »an die Nieren gegangen« ist. Doch vielleicht können wir uns angesichts einer solch gewaltigen Biografie einfach vor seinem Schicksal verneigen und dankbar sein, dass wir ein unbekannteres und vielleicht unbelastetes Leben fernab von öffentlicher Aufmerksamkeit führen dürfen.

Fragen zur Selbstreflexion:
* Gab es Situationen in Ihrem Leben, in denen Sie sich wie der »Kaiser von China« fühlten oder gebärdeten?
* Gab es einen Moment, in dem Sie glaubten, mächtig und einflussreich zu sein?
* Gab es in Ihrem Leben Momente der Entthronung, von Machtverlust?
* Wie haben Sie sich in diesen Momenten gefühlt?
* Gibt es in Ihnen ein nostalgisches Verlangen nach früherer Macht?

• Gelingt es Ihnen, angesichts früherer Größe, in Bescheidenheit Ihr jetziges Leben anzunehmen?

Übung

Halten Sie inne. Nehmen Sie Kontakt auf mit dem »inneren Kaiser« in Ihnen. Spüren Sie, dass in Ihnen etwas Göttliches, Vollkommenes ist. Dieses Göttliche, Vollkommene ist immer da, unabhängig von Erfolg oder Versagen, Macht oder Ohnmacht. Entscheiden Sie sich dafür, dieses Kaiserliche, Vollkommene durch Sie wirken zu lassen – nicht in Form von Macht über andere Menschen, sondern als inneren Glanz, der Ihre Umgebung erwärmt.

Nicht immer ist, wie bei Puyi, Machtverlust endgültig – manchmal landen Menschen auf dem Boden, finden in tiefer Verzweiflung Kontakt zu einer religiösen Bestimmung und stehen dann zu neuer Größe wieder auf. Ein spannendes Beispiel dafür finden wir überraschenderweise in einem Lebensbereich, in dem wir Religion vielleicht nicht vermuten würden – dem Boxsport.

Sport

Und er kam doch zurück – George Foreman

George Edward Foreman galt als der beste Schwergewichtsboxer aller Zeiten, ja als unbesiegbar. Seine Kämpfe dauerten in der Regel nur wenige Minuten, wobei er nahezu die gesamte Boxweltelite innerhalb der ersten drei Runden durch technischen K. o. besiegte.

Zur Überraschung der Weltöffentlichkeit wurde Foreman 1974 von seinem Herausforderer Muhammad Ali (alias Cassius Clay) entthront, was in ihm eine tiefe seelische Narbe hinterließ. Nachdem er 1977 klar nach Punkten gegen Jimmy Young verloren hatte, beschloss er, tief verzweifelt, noch in der Umkleidekabine, sein Leben Jesus Christus zu widmen.

Aus dem arroganten Kämpfer im Afrolook mit Bart wurde ein freundlicher, humorvoller Priester. Foreman gründete ein Waisenhaus für benachteiligte Kinder. Sein Leben zeugt davon, dass durch Umkehr und Veränderung der eigenen Lebenspositionierung Glück und Erfüllung nach einer Niederlage möglich sind.

Später stellte sich ein finanzieller Misserfolg ein: Das Waisenhaus stand vor der Pleite und mit ihm Foreman samt seinem Vermögen. Er entschied sich nach zehn Jahren Abstinenz vom Profiboxen, wieder in den Ring zu steigen und Wettkämpfe zu bestreiten. Einige konnte er trotz seines für einen Boxer ungewöhnlich hohen Alters gewinnen. Er erlitt in seiner zweiten Karriere auch Niederlagen, ließ sich jedoch nicht entmutigen. 1994 bestritt er einen Kampf gegen den amtierenden Boxweltmeister Michael Moorer und sorgte für eine Sensation: Foreman konnte, zwanzig Jahre nach seiner Niederlage gegen Muhammad Ali, den Weltmeister in der zehnten Runde k. o. schlagen. Foreman, damals 45 Jahre alt, wurde damit der älteste Boxweltmeister aller Zeiten.

An späteren Boxwettkämpfen hinderte ihn lediglich seine Frau. Heute, mit nahezu siebzig Jahren, erfreut sich der elffache Vater bester Gesundheit, wirkt nach wie vor athletisch und vor allem glücklich. Im Fernsehen warb Foreman für ein US-Systemgastronomieunternehmen und für einen Elektrogrill mit dem Namen »George Foreman's Lean Mean Fat Reducing Grilling Machine«.

Foreman ist ein Beispiel dafür, dass Misserfolge und Niederlagen nicht endgültig sein müssen. Er gibt einen »Vorgeschmack« auf die Verbindung von Scheitern und Religion bzw. Spiritualität. Durch sein Leben widerlegt er das bis dahin gültige Dogma des Boxsports »They never come back« (auf Deutsch: Sie kommen niemals zurück, gemeint ist: zu alter Stärke). Foremans ganze Größe entfaltete sich erst, nachdem er durch das Tal des Scheiterns und der Niederlagen gegangen war.

Fragen zur Selbstreflexion:
* Gibt es ein »unfinished business« in Ihrem Leben, also ein Projekt oder einen Traum, den Sie plötzlich abbrechen mussten, weil etwas dazwischengekommen war, z. B. ein Schicksalsschlag?

- In welchem Lebensbereich würden Sie sich ein Comeback zu alter Glorie wünschen?
- Ist Ihnen schon einmal eine solche Rückkehr gelungen? Wann und wie war das?
- Gibt es etwas, das Sie – unabhängig von Erfolg oder Misserfolg – gern wieder aus ganzem Herzen tun würden und das Sie zutiefst erfüllt?
- Was ist das und wie könnten Sie dieses in Ihr Leben integrieren?

Das Comeback ist kein Maßstab dafür, ob jemand erfolgreich gescheitert ist oder nicht. Es gibt Menschen an der Spitze, die nach einem Zusammenbruch nie wieder ihre alte Größe erreichen und doch »erfolgreich gescheitert« sind. Manchmal bedient sich das Leben auch eines Schicksalsschlags, um jemanden zu stoppen und in einen Prozess der seelischen Heilung zu führen. Nicht immer ist der Prozess eines solchen Menschen »religiös«, manchmal ist er schlichtweg therapeutisch. Um so einen Menschen soll es im nachfolgenden Beispiel gehen.

Schicksalsschläge für seelisches Wachstum nutzen – Monica Seles

Monica Seles, geboren 1973, war einst die beste Tennisspielerin der Welt. Sie galt als fanatische »Tennismaschine«, als ihr 1993 bei einem Turnier in Hamburg ein Geistesgestörter ein Messer in den Rücken rammte. Zwar heilten ihre körperlichen Wunden, doch das emotionale Trauma saß tief. Auf dem Tennisplatz fand sie nie wieder zu ihrer alten Stärke zurück. Ihr geliebter Vater erkrankte an Krebs und starb. Seles wurde depressiv, fresssüchtig und schwer übergewichtig. Immer wieder versuchte sie vergeblich, ihre Tenniskarriere neu aufzubauen.

Erst 15 Jahre später erfolgte die Umkehr: Seles stellte ihren Tennisschläger in die Ecke und entschied sich, erst einmal mit sich selbst ins Reine zu kommen. Sie unterzog sich einem Abnehmprogramm und absolvierte ein Fitnesstraining. Das Ergebnis: Seles hat sich wieder zu einer attraktiven, heiteren Frau entwickelt, die gelegentlich Tennis aus reiner Freude unterrichtet und sich unter anderem im Tanz verwirklicht.[27]

Durch den positiven Wandel aufmerksam geworden, meldete sich das »Playboy«-Magazin bei ihr, um eine Nacktfotoserie zu machen. Seles lehnte ab – nicht weil sie sich schämte, sondern weil ihr Selbstbewusstsein inzwischen auf so gesunden Füßen stand, dass sie »äußere Anerkennung« nicht mehr nötig hatte.

Schicksalsschläge, wie das Attentat und der Krebstod ihres Vaters, hatten Monica Seles vorübergehend aus ihrer Erfolgsbahn geworfen. Doch lieferten genau diese Ereignisse die Basis für einen seelischen Reifeprozess, eine Veränderung, die der »Tennis-Erfolgsmaschine« möglicherweise zeitlebens verwehrt geblieben wären.

Im Gegensatz zu George Foreman gelang Monica Seles kein sportliches Comeback, sehr wohl aber ein seelisches »Auftauchen«.

Die Sportlerin ist ein leuchtendes Beispiel für einen Menschen, der nach seinem Scheitern neuen Sinn und neue Lebensfreude gewonnen hat, für jemand, der in der Lage ist, sein sportliches und gesundheitliches Scheitern für einen seelischen Gewinn zu nutzen. Von Monica Seles lernen wir, dass das Glück, das wir suchen, oft ganz anders aussieht, als wir es uns vorgestellt haben.

Fragen zur Selbstreflexion:
- Gibt es in Ihrem Leben einen Bereich, in dem Sie eher »wie eine Maschine« versuchen, perfekt zu funktionieren?
- Gab es in Ihrem Leben massive Einschnitte, die Sie aus der Bahn geworfen haben? Situationen, die Sie zu einem Umdenken aufforderten, weil der angestrebte Weg versperrt war?
- Wie ist es Ihnen gelungen, damit umzugehen?
- Welche positive Seelen-Veränderung könnte sich für Sie aus Ihren Lebens-Einschnitten ergeben?

---

27 Monica Seles, Immer wieder aufstehen. Mein Spiel zurück ins Leben, Pendo Verlag, 2011

Nachdem wir in den bisherigen Abschnitten lauter »Einzelkämpfer« kennengelernt haben, werfen wir nun den Blick auf die Verbundenheit von Erfolg und Misserfolg innerhalb eines größeren Gefüges. Vielleicht können wir bei dieser Gelegenheit bereits ahnen, dass der Mensch mit seinem Erfolg wie mit seinem Misserfolg in ein Gesamtnetzwerk der Schöpfung eingebettet ist und er dieser Verbundenheit nicht entfliehen kann.

Oft sind es glückliche Zufälle jenseits von allem »Verdienst«, die über Ruhm und Schmach, Erfolg und Misserfolg entscheiden. Beispiele dafür finden wir vor allem in der Wissenschaft, in der weltweit Menschen an oftmals gleichen Themen forschen. Ein prominentes Beispiel ist Albert Einstein.

Erfinder

Auf den Schultern von Titanen – Albert Einstein

Jeder Erfinder, aber auch jeder von uns, erhält den Staffelstab der Evolution von jemandem, der vor ihm da war, und gibt ihn – im Idealfall – im Dienst des Ganzen weiter.

Albert Einstein (1879–1955) ist ein Beispiel für einen Erfinder, der gleichsam auf den Schultern von Titanen stand. Er galt als Genius seiner Zeit und doch waren seine gewaltigen Erkenntnisse nicht mehr als Zwischenergebnisse einer sich ständig weiterentwickelnden wissenschaftlichen Forschung.

Einstein war ein typischer Spätentwickler. Erst im Alter von drei Jahren lernte er sprechen. Von seinen Lehrern in der Schule wurde er als »geistig langsam, ungesellig und immer in seine törichten Träume abschweifend« beschrieben.[28] Mit zunehmender Schulzeit brach jedoch mehr und mehr seine naturwissenschaftliche Begabung durch, sodass er mit hervorragenden Noten abschließen konnte.

Übrigens: Die Legende, Einstein wäre ein schlechter Schüler gewesen, entstammt einem Irrtum: Einstein hatte 1896 in seinem

---

28 Luitgardis Parasie/Jost Wetter-Parasie, Zum Glück fehlt nur die Krise. Vom Scheitern und von neuen Chancen, Brunnen Verlag, 2009, S. 13

Schweizer Maturazeugnis mehrere Sechsen stehen, was in der Schweiz (im Gegensatz zu Deutschland) damals allerdings als die bestmögliche Note galt.

Trotz seiner naturwissenschaftlichen Begabung reichte Einsteins Genialität nicht aus, um die Relativitätstheorie auf sich allein gestellt zu entdecken.

Einstein brauchte in seinen Forschungen immer wieder Nachhilfe von seinem ehemaligen Mathematiklehrer Hermann Minkowski und den bekannten Mathematikern Michele Besso und Tullio Levi-Civita sowie von seinem Freund Marcel Grossmann, die ihn bei der Ausformulierung der Relativitätstheorie auf Rechenfehler aufmerksam machten.[29] Bekannt geworden ist Einsteins Ausruf: »Grossmann, hilf mir, sonst werde ich wahnsinnig!«

Letztendlich war es der größte Mathematiker seiner Zeit, David Hilbert, der Einstein auf den gravierendsten Überlegungsfehler hinwies und ihn auf den sogenannten »Königsweg« brachte. Er war im selben Ausmaß wie Einstein an der Entwicklung der Relativitätstheorie beteiligt. Hilbert, der in ständigem Briefkontakt mit Albert Einstein stand, hatte die Relativitätstheorie bereits vor Einstein entwickelt und reichte seine Arbeit zur Relativitätstheorie am 20.11.1915 zum Druck an der Universität Göttingen ein, genau fünf Tage bevor Albert Einstein mit der Relativitätstheorie triumphierte. So stand Einsteins Wirken sozusagen auf den Schultern von Marcel Grossmann und David Hilbert, denen man ebenfalls den Nobelpreis hätte zusprechen können.

Einstein galt als Antikapitalist, Sozialist, Pazifist und als nicht religiös. Die biblische Vorstellung von einem persönlichen Gott bezeichnete er als »kindlichen Aberglauben«.

»Falls es in mir etwas gibt, das man religiös nennen könnte, so ist es eine unbegrenzte Bewunderung der Struktur der Welt, soweit sie unsere Wissenschaft enthüllen kann.«[30]

29 Siehe dazu: Jürgen Renn, Auf den Schultern von Riesen und Zwergen. Albert Einsteins unvollendete Revolution, Wiley-VCH Verlag, 2006
30 Albert Einstein, Brief vom 24. März 1954, abgedruckt in: Helen Dukas/Banesh Hoffman: Albert Einstein. The Human Side, Princeton, New Jersey, 1981, S. 43

Bei allem Respekt vor Einsteins Forschergeist: Als Wissenschaftler war er so sehr in seinem intellektuellen Denkkäfig gefangen, dass er nicht in der Lage war, mystische Empfindungen in sich aufzunehmen und den Bereich zu betreten, der jenseits des Denkens liegt. Einerseits half ihm seine areligiöse Einstellung, über das damals etablierte Welt- und Gottesbild hinauszudenken. Andererseits hätte es sich gerade für das Christentum als sehr segensreich auswirken können, hätte Einstein die Verbindung von Religion und Quantenphysik, wie sie der moderne Buddhismus lehrt, auch nur ansatzweise empfinden und dokumentieren können.

Einsteins Theorien gelten heute in einigen Bereichen als überholt: Die modernen Entdeckungen der Quantenmechanik sind unvereinbar mit der allgemeinen Relativitätstheorie Einsteins, welche als eine »Kontinuumtheorie« ausgelegt ist. So wie die Gesetze Newtons (1643–1727) durch Einstein entkräftet wurden, so ist sicher, dass Einsteins Gesetzmäßigkeiten nicht mehr dem heutigen Standardmodell der Physik entsprechen. So zeigt sich auch am Beispiel Einsteins: Wissenschaft ist stets der aktuelle Stand des menschlichen Irrtums.

So sehr Einstein als Wissenschaftler brillierte, als Mensch war er in einem starken Dilemma. Einstein hatte etwas Unversöhnliches: Er war nicht bereit, Deutschland seine Nazi-Vergangenheit zu vergeben und weigerte sich auch noch viele Jahre nach Kriegsende, einer Veröffentlichung seiner Bücher in Deutschland zuzustimmen. Zudem litt Einstein darunter, dass er zur Zeit des Zweiten Weltkriegs öffentlich den Bau der Atombombe empfohlen hatte. Er begründete dies später mit der Angst, dass die Deutschen die Atombombe vor den Amerikanern bauen und nutzen würden.

So kann Einsteins Leben bei aller geistigen Größe auch als eine Mahnung verstanden werden, sich nicht in Zusammenhänge einzumischen (Bau der Atombombe) und die Unversöhnlichkeit gegenüber einzelnen oder Volksgruppen zu bearbeiten bzw. loszulassen.

Die Fähigkeit Einsteins, über gewohnte Perspektiven hinauszudenken, sollten wir uns jedoch zum Vorbild nehmen.

Werfen wir noch den Blick auf die »Gescheiterten« Marcel Grossmann und David Hilbert, die nicht den Nobelpreis erhielten. Sie waren Titanen, die korrekt gehandelt und meisterhaft geforscht haben und enorme Achtungserfolge für sich verbuchen durften, auch wenn bis heute kaum jemand von ihrer geistigen Größe Notiz genommen hat. Einsteins Auftreten in der Öffentlichkeit war deutlich charismatischer als jenes von Großmann oder Hilbert. Vielleicht hat sich die Relativitätstheorie mit Einstein bewusst eine besonders »vermarktungsfähige« Symbolfigur ausgesucht, um veröffentlicht zu werden?

Fragen zur Selbstreflexion:
- Was wäre ein Ziel, ein Ideal, eine Lebensperspektive, eine Vision, die Sie begeistert, aber scheinbar weit jenseits Ihrer bisher gedachten Denkperspektiven liegt?
- Gibt es in Ihrem Leben Ziele, Ideale, an die Sie geglaubt haben, die sich später aber als Irrtum erwiesen haben? Um welche handelt es sich dabei? Sind Sie heute bereit, diese loszulassen und Ihrem »inneren Computer« ein Update zukommen zu lassen?
- Gibt es irgendjemand, gegen den Sie Urteile oder Vorurteile hegen? Sind Sie heute bereit, Ihre Unversöhnlichkeit loszulassen?
- Gibt es Titanen, weise Ratgeber, die Ihnen helfen können, wo Sie nicht mehr weiterwissen?

Übung
»Mentoren-Konferenz«:
- Machen Sie sich ein Thema bewusst, das Sie bewegt. Dies kann ein Anliegen sein, bei dem Sie nicht mehr weiterwissen oder zumindest Hilfe gut gebrauchen können.
- Nun fragen Sie sich: Welcher »Geistestitan« hätte eine gute Antwort auf Ihr Thema oder Ihr Anliegen? Dies kann ein Bekannter oder Freund sein, der ein ähnliches Thema bereits vor Ihnen gelöst hat, eine öffentlich bekannte Person, ein Weiser, ein Religionsgründer oder auch eine Sagenfigur. Notieren Sie drei »Mentoren«.
- Nun stellen Sie sich vor, Sie stehen oder sitzen mit diesen drei Mentoren in einem Raum. Schildern Sie ihnen Ihr Anliegen. Bitte Sie die drei Mentoren, Ihnen zu raten. Schlüpfen Sie gegebe-

nenfalls in die Haut jedes dieser Mentoren und spüren Sie, wie dieses Wesen Ihre Situation lösen würde.

• Nun stellen Sie sich vor, dass Sie genau so handeln wie Ihr Mentor, aber als »Sie selbst«.

Im allgemein üblichen Schwarz-Weiß-Denken ordnet man andere Menschen, und auch sich selbst, gern in Schubladen ein. Öffentlich bekannte Personen sind erfolgreich/ehrenwert oder erfolglos/ehrlos. Doch die Grenzen sind meist fließend. Es scheint manchmal, als würden bei der Vergabe von »Erfinder-Titeln« Menschen bevorzugt, die über ein genügend starkes Ego verfügen, um eine Erfindung in der Welt zu verankern.

Auch das nachfolgende Beispiel soll uns darin unterstützen, bewertendes Schwarz-Weiß-Denken über Erfolg und Nicht-Erfolg zu hinterfragen und eine differenzierte, ausgewogene Betrachtung zu üben, gegenüber den Lebensleistungen anderer Menschen und auch gegenüber uns selbst. Wir erkennen wiederum, wie sehr der Zufall einem Menschen in die Hände spielt – und das Engagement eines anderen Menschen ungewürdigt lässt.

Egoismus versus ausbleibende Anerkennung –
Alexander Graham Bell, Antonio Meucci und Elisha Gray

Alexander Graham Bell (1847–1922) war ein hingebungsvoller Lehrer an einer Schule für Taubstumme, was aus ethischer Sicht vielleicht seine größte Lebensleistung war. In den Ruf eines »Rassenhygienikers« kam Bell, als er die Ehe unter Gehörlosen verbieten lassen wollte, da er vermutete, dass Gehörlosigkeit erblich sein könnte. Zugleich hatte Bell ein Herz für Gehörlose und wollte ihnen durch seine Arbeit helfen. Seine Mutter war stark schwerhörig, seine Frau gehörlos. Damit wären wir bereits bei Bell als Erfinder angelangt.

Schon 1860, lange bevor Bell auf die Idee des Fernsprechers kam (Bell war damals 13 Jahre alt), hatte der italo-amerikanische Erfinder Antonio Meucci einen Patentantrag für einen Fernsprechapparat gestellt, den er jedoch wegen finanzieller Engpässe nicht bezahlen konnte, sodass der Patentantrag 1873 erlosch.

Bell, der später in den ehemaligen Werkstätten von Meucci arbeitete, stieß zufällig auf dessen Unterlagen und war von der Erfindung begeistert. Er nutzte sie als Basis für sein Telefon. Als Meucci seine Arbeiten zurückforderte, ließ Bell ihm mitteilen, dass diese verloren gegangen seien. Aufgrund seiner schlechten finanziellen Lage war es Meucci nicht möglich, gerichtlich gegen Bell vorzugehen. Meucci starb als verarmter Mensch, dem zeitlebens eine wirtschaftliche Entschädigung für seine Erfindung verwehrt blieb.

Zur gleichen Zeit entwickelte der deutsche Physiker Johann Philipp Reis (1834–1874), inspiriert von dem damals bereits erfundenen Morse-Gerät, das erste funktionierende Gerät zur Übertragung von Tönen (nicht aber von Sprache) über elektrische Leitungen. Er nannte es »Telephon«. Bell fand betuchte Geldgeber, die ihn ermunterten, herauszufinden, wie statt der Telegrafenimpulse auch Tonfolgen übertragen werden könnten. Bell hatte eine vage Idee, die er beim Patentamt einreichte.

An der Übertragung von Tonfolgen hatte vor Bell bereits der US-amerikanische Lehrer Elisha Gray (1835–1901) erfolgreich geforscht. Gray wollte ganz sichergehen, dass seine Erfindung wirklich funktionierte. Erst als seine Versuche wissenschaftlichen Kriterien standhielten, ging er 1876 damit zum Patentamt. Sein Patent wurde jedoch nicht anerkannt, weil der – auf Vermutungen basierende – Patentantrag von Bell ihm genau zwei Stunden zuvorgekommen war. Gray verlor den Rechtsstreit gegen Bell. Die Ironie der Geschichte war, dass Bells Fernsprecher, im Gegensatz zu jenem von Elisha Gray, nicht funktionierte.

Hätte Gray seinen Antrag früher eingereicht, würde er heute als Erfinder des Telefons gelten, eine Ehrung, die ihm eigentlich gebührte. Gray starb ohne Anerkennung, obwohl er 1893 noch ein weiteres wichtiges Gerät erfand: den sogenannten »Teleautographen«, Vorgänger des Faxgerätes.

Alexander Graham Bell übernahm später die Versuchsanordnungen[31] von Elisha Gray – damit funktionierte Bells Fernsprecher. Allerdings war Grays Fernsprecher noch nicht alltagstauglich, da der Ton nur auf geringe Entfernung und bei sehr lauter Stimme übertragen werden konnte. Wieder kamen Bell die Erfindungen anderer zugute, nämlich von Michael Faraday (elektromagnetische Induktion mithilfe von Spulen und Dauermagneten), von Johann Philipp Reis (Kontaktmikrofon), von David Edward Hughes (Kohlemikrofon) und Emil Berliner. Es dauerte ein weiteres Jahr, bis 1881 das Telefon gebrauchsfähig war.

Bell gelang eine Reihe weiterer Erfindungen, doch stets beruhte sein Erfolg auf den zündenden Ideen anderer, derer er sich rechtmäßig und manchmal auch unrechtmäßig bediente. Bell verstand es, im Gegensatz zu anderen Erfindern, aus seinen Entdeckungen Kapital zu schlagen. So gründete er die Bell Telephone Company, aus der später die AT & T (American Telephone and Telegraph Company) hervorging. Bell erhielt eine immense (gemessen an seiner Lebensleistung vermutlich übertriebene) öffentliche Ehrung: Als er 1922 starb, ruhte zu seinem Gedenken in den USA für eine Minute der gesamte Telefonverkehr.

Alexander Graham Bell steht als Beispiel für einen Erfolg, der, zumindest teilweise, auf geistigem Diebstahl beruhte. Auch wenn (oder vielleicht gerade weil) Bell in der Durchsetzung seiner Ansprüche egoistisch war, war das Telefon-Patent bei ihm in geeigneten Händen: Die Erfindung hatte in Bell einen Menschen gefunden, der willensstark und erfolgshungrig genug war, um seine Erfindung auf dem Markt durchzusetzen. Es ist eine Ironie des Schicksals, dass ausgerechnet ein Taubstummenlehrer als Erfinder des Telefons gilt.

Versetzen wir uns gedanklich einmal in die »Verlierer« hinein: Es war gerade das Scheitern von Antonio Meucci und Elisha Gray – Nichtanerkennung ihrer Erfindungen und Zuschreibung ihrer Patentrechte an den durchsetzungsfähigen Unternehmer Graham

31 Hierbei handelte es sich um einen regelbaren Widerstand in Form eines Drahtes, der in eine Schwefellösung getaucht war. Dieser kam bei den früheren Versuchen Bells nie vor

Bell – wodurch die beiden zur weltweiten Verbreitung des Telefons beitrugen.

Meucci und Gray haben weder öffentliche Anerkennung noch finanziellen Gewinn für ihre famose Lebensleistung erhalten. Sie gingen als Verlierer aus den Prozessen gegen Graham Bell hervor. Ihr Anspruch auf Gratifikation scheiterte.

Was wäre für Meucci und Gray eine friedensstiftende Haltung angesichts all dieser verlorenen Prozesse? Vielleicht die Dankbarkeit dafür, durch die eigenen Erfindungen zur Weiterentwicklung der Zivilisation beigetragen zu haben. Und auch die Demut, zu erkennen, dass Graham Bell weitaus besser als sie selbst in der Lage war, die segensreiche Erfindung zu verbreiten. Dies verlangt jedoch eine gewisse seelische Größe und Hinwendung an diese größere Kraft, die wir uns in einem späteren Teil dieses Buches noch näher erarbeiten wollen.

Was können wir aus dem vorliegenden Beispiel ableiten?

* Jeder »Sieger« zieht seine Erfolge aus den Errungenschaften anderer, die meist in den Annalen der Geschichte vergessen werden.
* Gerade durch die Misserfolge der einen werden die Erfolge der anderen begünstigt.
* Jedes Leben und jedes Lebenswerk, inklusive aller Misserfolge, ist bedeutsam und sinnvoll, da es zur menschlichen Entwicklung beiträgt.

Übung
Vergebung – Selbstreflexion:
* Wenn Sie es sich aussuchen könnten: Welche Person wären Sie lieber gewesen – der erfolgreiche, aber vorteilsbedachte Graham Bell oder der erfolglose, aber gewissensreine Antonio Meucci?
* Können Sie sich an eine Situation erinnern, bei der Sie jemand anderen übervorteilt haben, um an finanzielle Vorteile oder Ruhm zu gelangen? Falls ja: Haben Sie jemals versucht, sich zu entschuldigen und den Schaden wiedergutzumachen? Haben Sie sich selbst für Ihre Handlung verziehen? Falls nein, sollten Sie dies noch heute tun!

- Wurden Sie selbst von jemandem anderen übervorteilt? Wie ging es Ihnen in dieser Situation? Haben Sie dem anderen inzwischen verzeihen können? Falls nein: Was bräuchte es, damit Sie ihm verzeihen können? Manchmal ist es hilfreich, das Göttliche/die universelle Kraft zu bitten, Sie darin zu unterstützen, Verzeihens-energie fließen zu lassen.
- Haben Sie jemals jemandem (freiwillig oder unfreiwillig) zuge-arbeitet und ihn dadurch in seinem Ruhm, seinen Finanzen, sei-nen Erfindungen unterstützt oder bestätigt? Haben Sie sich selbst für Ihren eigenen Beitrag anerkannt? Falls nein, wäre nun Gele-genheit, sich selbst für Ihren evolutionären Beitrag zu ehren – in Wahrheit sind wir alle eine große Familie der Menschheit, die ei-nander ständig zuarbeitet und unterstützt, auch wenn wir dies oft nicht wahrhaben wollen oder können.

Unser Kapitel über ungewöhnliche Zeugnisse für Erfolg und Schei-tern wäre nicht vollständig ohne zwei Beispiele dafür, wie sehr das eigene Scheitern anderen Menschen Trost spenden kann. Gerade in der Musikszene kommt es immer wieder vor, dass Stars mit Schwie-rigkeiten, insbesondere mit Drogensucht, zu kämpfen haben, wie z. B. ein amerikanischer Countrysänger, um den es im folgenden Abschnitt geht.

Gesang

Barmherzigkeit durch Scheitern – Johnny Cash
Im Fall des Scheiterns durch eine Sucht gibt es extreme Unter-schiede, wie der Betroffene sich damit auseinandersetzt. Wenn es gelingt, angesichts eines scheinbar gescheiterten Lebens nicht weg-zuschauen, sondern die hinter dem Suchtkranken wirkenden Kräfte und Bestrebungen auf sich wirken lassen, kann dies Verhärtungen im eigenen Herzen aufweichen. Es kann auch an die eigene Barm-herzigkeit erinnern und zu einem bewussteren und dankbareren

Leben inspirieren. Ein ideales Beispiel für Barmherzigkeit durch Scheitern ist Johnny Cash.

Johnny Cash wurde am 26. Februar 1932 in Kingsland, Arkansas, geboren. Im Lauf seines Lebens saß er mehrmals wegen Diebstahls im Gefängnis, war chronisch tablettenabhängig und neigte zu Gewaltausbrüchen, sogar auf der Bühne.

Der Künstler litt so sehr unter seinen, wie er es nannte, »inneren Dämonen«, dass er sich im Oktober 1967 verzweifelt hinlegte und den Tod herbeisehnte. In dieser Phase wurde ihm bewusst, dass nicht er, sondern eine größere Macht, »Gott«, über seinen Todeszeitpunkt entscheiden würde. Cash wurde Baptist, entschied sich für einen Drogenentzug.

Er veranlasste zwei Auftritte samt Live-Album in zwei kalifornischen Gefängnissen, dem Folsom State Prison und der Strafanstalt San Quentin. Ungeachtet seines religiösen Glaubens erlitt Cash immer wieder Rückfälle in seine Tablettenabhängigkeit, die er erst 1984 in einer Suchtklinik endgültig überwand.

Auch nach seiner Läuterung durchlebte Cash Misserfolge als Musiker und musste mehrere schwere Krankheiten durchleiden. Seine Gebrochenheit und die brüchige Stimme wurden zum Markenzeichen für seine späten Songs, die von Liebe, Tod und dem »Leben danach« handelten. Viele Menschen fanden in diesen Liedern den Trost, den Cash für sein eigenes Leben gebraucht und entwickelt hatte. Nach zahlreichen Schicksalsschlägen und weiteren Krankheiten starb Cash im Jahr 2003 mit 71 Jahren an Lungenversagen.

Johnny Cash war bekannt für seine markante Bassbariton-Stimme und seine kritischen, unkonventionellen Liedtexte. Obwohl selbst nur selten auf der Sonnenseite des Lebens, zählte er zu den einflussreichsten US-amerikanischen Countrysängern. 13 seiner Singles erreichten Platz 1 der amerikanischen Country-Charts, er schrieb insgesamt mehr als 500 Songs und verkaufte mehr als 50 Millionen Tonträger. Für sein Lebenswerk verlieh ihm der damals amtierende US-Vizepräsident Al Gore den Künstlerpreis des Kennedy Center. Er begründete die Preisvergabe nicht mit Cashs Kunst als Sänger, sondern weil sein Werk »die ganze Bandbreite des Daseins mit Scheitern und Wiederaufstehen, Verstrickung und Befreiung, Schwäche und Stärke, Verlust und Erlösung, Leben und Tod«[32] offenbare.

Die Filmbiografie über Johnny Cash, »Walk The Line« (2005), wurde mit drei Golden Globes ausgezeichnet und mit fünf Oscars nominiert. Inzwischen wurde Cash in zahlreiche »Halls of Fame« aufgenommen.

Johnny Cash steht beispielhaft dafür, dass ein Leben auch dann »groß« sein kann, wenn man nicht als Sieger hervortritt. Sein – über große Strecken vergebliches – Ringen mit Sucht und Krankheit hatte ihn barmherzig für andere werden lassen.

Fragen zur Selbstreflexion:

- Gibt es in Ihrem Leben eine »Achillesferse«, die Sie belastet? Worin liegt dieser wunde Punkt? Falls Sie es noch nicht getan haben: Öffnen Sie Ihr Herz dafür. Vergeben Sie sich selbst, dass Sie unter diesem Punkt immer wieder gelitten haben. Bitten Sie die eine Kraft, Ihnen dabei zu helfen, in diesem Bereich Frieden zu finden.
- Welchen Stellenwert hat in Ihrem Leben die Barmherzigkeit? Gibt es einen Menschen, dem Sie heute noch verständnisvoll begegnen, vielleicht sogar trösten oder helfen können?

Nicht immer sind Religion oder eine Therapie die Zuflucht für Scheiternde. Manchmal wird jemand im Durchlaufen seines Scheiterns und seiner Läuterung zu einem Philosophen – ein Sieg ganz eigener Art über sich selbst. Einen Menschen, der dies verkörpert, wollen wir im nächsten Abschnitt kennenlernen.

> *Es sind nicht immer die Lauten stark, nur weil sie lautstark sind.*
> *Es gibt so viele, denen das Leben ganz leise viel echter gelingt.*
>
> (Konstantin Wecker)[33]

---

32 Zitat aus: Steve Turner, Ein Mann namens Cash. Die autorisierte Biografie, Johannis-Verlag, 3. Auflage 2006, S. 291
33 Zitat aus dem Lied »Es sind nicht immer die Lauten stark«, Studiofassung 1981, veröffentlicht u. a. auf der CD »Meisterstücke«, Konstantin Wecker, 2001

Die Kunst des Scheiterns – Konstantin Wecker

In seiner Kindheit und Jugend war der Münchner Liedermacher Konstantin Alexander Wecker (geboren 1941) ein Taugenichts. Mit 17 Jahren brach er die Schule ab und riss von zuhause aus. In Italien wurde er aufgefunden und landete wegen krimineller Handlungen im Gefängnis. Spätere Ausbildungen für klassischen Gesang, Dirigentenstudium, Musikwissenschaft, Germanistik, Psychologie brach er jedes Mal ab.

Als eher erfolgloser Musiker spielte Wecker in mehreren Sexfilmen mit, etwa beim »Krankenschwestern-Report« (1972). Ab Mitte der 1970er-Jahre hatte er mit der Musik Erfolg, lebte jedoch so stark über seine Verhältnisse, dass er in finanzielle Schwierigkeiten geriet und später trotz seines hohen Einkommens bankrottging.

In dem von ihm gegründeten Café wurden Drogen konsumiert, er selbst wurde 1995 mit Kokain erwischt und wanderte erneut ins Gefängnis.

Wecker thematisierte das Thema Drogen in verschiedenen Liedern und Zeitungsartikeln. Durch Exerzitien im Kloster Andechs versuchte er Ordnung in sein Leben zu bringen. Er betet mit seinen Kindern und ringt darum, den rebellischen Krieger in ihm und seine religiösen Ambitionen in Einklang zu bringen. So entstand sein Buch »Mönch und Krieger«.[34] Zudem ist Wecker noch heute politisch aktiv. Hing er lange Zeit dem Ideal einer herrschaftsfreien Gesellschaft an, dem Anarcho-Lager der 1968er-Jahre, fand er im Wahlkampf 2013 in der bayerischen SPD sein politisches Zuhause.

Konstantin Wecker gilt als einer der bedeutendsten Liedermacher Deutschlands und geht nach wie vor auf Tournee. Seine Veranstaltungen sind auch heute noch weitgehend ausverkauft.

Der Musiker nimmt insoweit eine Sonderstellung ein, als er in seiner Autobiografie »Die Kunst des Scheiterns. Tausend unmögliche Wege, das Glück zu finden«[35] das eigene Scheitern thematisiert und zur Kunst erhebt. Als Grund, warum er diesen Buchtitel

---

34 Konstantin Wecker, Mönch und Krieger. Auf der Suche nach einer Welt, die es noch nicht gibt, Gütersloher Verlagshaus, 3. Auflage, Mai 2014
35 Konstantin Wecker, Die Kunst des Scheiterns. Tausend unmögliche Wege, das Glück zu finden, Piper Taschenbuch, 10. Auflage, 2009

gewählt hat, gibt Wecker an: »Weil meine Niederlagen mich weitergebracht haben, weit mehr als alles, was mir geglückt ist.«[36]

Fragen zur Selbstreflexion:
* Was war einer der größten Fehler, die Sie in Ihrem Leben gemacht haben? Ist es Ihnen heute bereits gelungen, ein wenig Abstand dazu zu gewinnen und Ihren Fehlern vielleicht sogar mit einem Lächeln zu begegnen?
* Wie ist Ihre Einstellung zu Philosophie? Gelingt es Ihnen daraus, Kraft und Erfüllung zu schöpfen bzw. welche Philosophie könnte Ihnen helfen, Kraft und Erfüllung zu gewinnen?

Interessant erscheint mir das »philosophische« Gottesbild Konstantin Weckers: »Nun, ich glaube, wenn es einen Gott gibt, müssen wir ihm dasselbe zugestehen wie uns selbst: Die Kunst des Scheiterns.«[37]

Der Sieger hat viele Freunde, der Besiegte hat gute Freunde.

(Aus der Mongolei)

36 Zitat aus: Konstantin Wecker, Die Kunst des Scheiterns, S. 13
37 Ebd., S. 15

Scheitern und die Gesellschaft

Was Gescheiterte belastet, ist meist nicht die Tatsache, nichts mehr zu essen oder keinen Schlafplatz mehr zu haben. Glücklicherweise leben wir in einem Sozialsystem, in dem die Zahl der Obdachlosen und Hungernden relativ gering ist. Natürlich sind Einschränkungen geboten, wenn die finanziellen Mittel ausgehen, aber jeder Mensch, der etwa in Deutschland lebt, hat ein Anrecht auf Grundsicherung des eigenen Lebensbedarfs.

Schlimmer sind die sozialen und psychischen Belastungen, die sich aus dem Scheitern ergeben. Ebenso das persönliche Empfinden, »ein Mensch zweiter Klasse« zu sein. In diesem Kapitel wollen wir uns um die soziale, in einem späteren Teil des Buches um die psychische Komponente kümmern.

Um eine hilfreiche Einstellung zu den sozialen Belastungen des Scheiterns zu gewinnen, ist es lohnenswert, die gesellschaftlichen Standards, nach denen Erfolg und Scheitern beurteilt werden, anzuschauen und zu hinterfragen.

Leitbilder für Erfolg im Mittelalter und in der Ersten Moderne
Erfolg und Misserfolg galten früher als Angelegenheit Gottes, nicht als die eines gewöhnlichen Menschen. Bis ins späte Mittelalter hinein waren Klerus, Adel und »Schicksalsmächte« für Erfolg und Misserfolg verantwortlich. Noch zu Zeiten des Preußenkönigs Friedrich II. (1712 1786) wurden Offiziere einfach deshalb entlassen, weil sie »kein Fortune« hatten (weil die Glücksgöttin Fortuna offenbar nicht mit ihnen war).

Natürlich gingen auch damals schon Niederlagen mit Scham, Schuldgefühlen und Verzweiflung einher. Doch war es stets möglich, den Klerus, Adel, Götter oder eben Schicksalsmächte dafür verantwortlich zu machen bzw. bei ihnen Trost zu suchen.

Im Zuge der industriellen Revolution des 18. und 19. Jahrhunderts ließ der Mensch das Mittelalter, die damit verbundene Dominanz der Ständegesellschaft (Klerus und Adel) und den Glauben an Fremdbestimmung durch einen Gott oder weltlichen Herrscher hinter sich. Begleitet wurde dieser Wandel zur sogenannten Ersten Moderne (von lat. modernus = neu, neuzeitlich, gegenwärtig bzw. von lat. modo = eben, eben erst) durch die Zeit der Aufklärung, den Versuch, durch rationales Denken dem (industriellen) Fortschritt dienende Strukturen zu überwinden.[38]

Postulate aus dieser Zeit sind:
- *Domestizierung:* Die Natur stellt für den Menschen eine ewig erneuerbare Ressource dar
- *Fortschrittsglaube:* Die Idee materiellen und unbegrenzten Wachstums
- *Individualisierung:* Der Einzelne, das Ich, steht im Mittelpunkt
- *Industrialisierung:* Damit einhergehend – Massenproduktion
- *Rationalität:* Der Versuch, alles mithilfe der Vernunft zu erklären
- *Säkularisierung:* Verweltlichung (von lat. saeculum = Zeit); die Materie als höchstes Ziel

Im Lauf dieser Entwicklung wurden die diesseitigen und jenseitigen »Götter« entthront, gemäß dem Motto: »Jeder ist selbst seines Glückes Schmied«. Die Schattenseite: Jeder wurde damit zugleich auch zum Schmied seines Scheiterns erklärt.

Die verständliche Reaktion: Zurschaustellung der eigenen Stärken, Vertuschen von Misserfolgen, Schuldzuweisung, Ausblenden, Leugnen oder zumindest Verharmlosen von Fehlern, um Hohn, Spott und gesellschaftlicher Ächtung zu entgehen. Im Inneren wüteten – von anderen (und manchmal vom Betroffenen selbst) unbemerkt – Minderwertigkeitsgefühl, Scham, Schuld und Verzweiflung.

---

[38] Trotz des Siegeszugs der Ersten Moderne gibt es noch viele Regionen und Völker außerhalb Europas, die sich nach wie vor in der Prämoderne befinden und gerade erst der industriellen Revolution geöffnet haben

Das Weltbild der Ersten Moderne, das noch heute das Denken der meisten Menschen bestimmt, ist geprägt durch Fortschrittsgläubigkeit sowie die Fixierung auf Wachstum und Erfolg, im Extremfall die bereits erwähnte »Erfolgsreligion«. Ein Beispiel dieser von Grandiosität geprägten Denkstruktur war der legendäre Boxer Muhammad Ali (er starb im Juni 2016 mit 74 Jahren). »Ich bin der Größte«, proklamierte er wieder und wieder, bis er von anderen Boxsportlern und später von der Parkinson'schen Krankheit besiegt wurde.

»Vervielfacht hat sich der Anteil derer, die darunter leiden, dass sie keine Sieger sind – seit nämlich die Konkurrenz das Arbeitsleben, unser Denken, unser Wollen beherrscht, ja als das Lebenselixier einer besseren Weltordnung gepriesen wird. Bis an die Schwelle des 20. Jhd. galt es den meisten als der unabänderliche, oft als der göttliche Gang der Dinge, arm zu sein, Knecht zu sein und es zu bleiben. Nicht als Verlierer sahen sich die Armen an, sondern als Teil einer völlig natürlichen Einrichtung der irdischen Verhältnisse. Für uns aber ist der Wettlauf nach Geld, Macht, Ruhm, Ehre und Medaille zum Massensport geworden, notgedrungen mit einer schlimmen Mehrheit an Abgeschlagenen und Schlechtweggekommenen, die mit dem Schicksal hadern oder sich für Versager halten.«[39]

Die vorherrschende Mentalität im kollektiven Bewusstsein des modernen Europa bis ins 21. Jahrhundert hinein sind immer noch die Erste Moderne und der damit einhergehende Machbarkeitswahn. Ein durchaus lobenswertes Überbleibsel der Moderne ist die optimistische Mentalität der US-Amerikaner, die sogar in einem Konkurs keinen Makel, sondern ein »Zwischenergebnis« sehen, dessen man sich nicht zu schämen braucht – hiervon könnten wir uns eine Scheibe abschneiden.

---

39 Wolf Schneider, Große Verlierer, rororo Verlag, S. 10 f.

Das offene Geheimnis – Scheitern gehört zum Leben

Wenn wir in Presse, Funk und Fernsehen erleben, wie Prominente sich selbst feiern, sind wir beeindruckt und wollen an diesem Glamour teilnehmen. Viele Spielfilme und Fernsehserien heroisieren materiellen Erfolg und äußere Schönheit.

Machen wir uns an dieser Stelle bewusst, dass das vorherrschende Ideal von dauerhaftem Erfolg, ständigem Gelingen, ewiger Jugend und Schönheit eine Illusion ist, die uns die Illustrierten vor die Nase halten. Eine Illusion, die im Verborgenen Schattengewächse heranzüchtet: Immer wieder lesen wir von ehemals gefeierten Stars, die gescheitert sind. Spitzensportler müssen herbe Niederlagen einstecken, von denen sie sich oft nicht mehr erholen. Politiker, die noch vor Kurzem im Glanz ihrer Macht standen, werden gestürzt, manchmal sogar gerichtlich verurteilt. Gefeierte Künstler und Prominente, wie z. B. Gunter Sachs oder Robin Williams, begehen Selbstmord. Vorzeigepaare lassen sich scheiden. Talente verschwinden in der Versenkung.

Im Scheitern fühlt der Mensch sich alleine. In einer Welt, in der nur das Beste zählt, hat der Gescheiterte das Gefühl, nicht mehr dazuzugehören.

Doch ist es nicht ein offenes Geheimnis, dass Scheitern zum Leben gehört? Kein Mensch bleibt im Lauf seines Lebens von Verlusten, Altern, Leiden und Belastungen verschont. All das, was in der modernen westlichen Welt zählt, Schönheit, Jugend, Macht, Reichtum und Erfolg, ist vergänglich. Spätestens mit dem Tod – dem »Scheitern des Lebens« – muss der Mensch alles zurücklassen, was er angesammelt hat.

Und doch ist es natürlich, mehr noch, Bestandteil der menschlichen Evolution, dass wir das Gelingen und den Erfolg lieben, während Scheitern und Versagen Stress, Frustration, manchmal auch Resignation und im Extremfall sogar Selbstzerstörung in uns auslösen.

Gewinnen und verlieren sind zwei einander bedingende Entwicklungen, vergleichbar mit dem Mond, der zu- und dann wieder abnimmt. Niemand würde zum Mond sagen »Du bist gescheitert«, nur weil er eines Tages zum Neumond geworden ist. Vielleicht sollten wir an dieser Stelle bedenken, dass alles kommt und geht, wie Flut und Ebbe, Vollmond und Neumond. An diese Tatsache mag das »Gleichnis vom Mond« aus dem ZEN erinnern:

Der Meister fragt: »Wohin geht der Mond, wenn er zum Neumond wird und ihn keiner mehr sehen kann?« Der Schüler antwortet: »Der Mond ist nach wie vor da!« Der Meister antwortet: »So ist es mit allem im Leben: Es wird sichtbar, es verschwindet, aber in Wirklichkeit ist es nach wie vor da!«

Übung
Mantra der verborgenen Fülle
Es gibt ein sehr schönes Mantra, das an diese ständig vorhandene, hintergründige Vollkommenheit und Fülle erinnert, daran, dass ständig alles da ist, das Purna-Mantra (Lautsprache):

OM – purnam adaha purnamidam purnate purnam udacyate purnasya purnam adaya purnam eva vashhyyate.

Das Purna-Mantra stammt aus den Upanishaden (philosophische Schriften des Hinduismus) und geht davon aus, dass es das Wesen der Fülle (purna) ist, dass sie in der Wahrheitswelt (jenseits der Erscheinungen) durch nichts reduziert werden kann. Dieses Mantra, 108 Mal täglich wiederholt, kann Sie mit dem Wesen der in allem verborgenen Fülle in Verbindung bringen, die unabhängig von der Lebenssituation ständig vorhanden ist.

Was ist Reichtum?
Was ist Reichtum? Die Politik habe sich bisher um eine genaue Antwort gedrückt, meint der Zukunftsforscher Horst W. Opaschowski. Reichtum sei viel mehr als nur Geld und Güter.

In den Jahren 2012–2015 befragte Opaschowski 20.000 Menschen dazu, was für sie Reichtum sei. Interessanterweise wurden hierbei nicht vorwiegend materielle bzw. finanzielle Errungenschaften aufgeführt, sondern in starkem Maß immaterielle Werte wie: Guter Kontakt zu Familie und Verwandten (»Beziehungsreichtum«), Zeit für sich selbst (»Zeitwohlstand«), Frieden im Umgang mit den Mitmenschen, eine Beschäftigung haben, die Sinn macht, die Möglichkeit zur Weiterbildung, Meinungsfreiheit, in einer toleranten Welt leben usw. Geldarmut ließe sich, so Opaschowski, durch Beziehungsreichtum ausgleichen. Der ehemalige Professor für Erziehungswissenschaften an der Universität Hamburg fordert deshalb eine neue Definition von Reichtum, die auch innere Werte mit einbezieht (Quelle: dpa-Bericht, Münchner Merkur vom 17.3.2015).

Die Postmoderne – Gegenkultur zum Machbarkeitswahn
Schon im 20. Jahrhundert entwickelten kritische Beobachter, federführend der französische Philosoph Jean-François Lyotard, zunehmend Kritik an der Materie-Besessenheit und am Vernunftdenken der modernen Industriegesellschaft. Sie begründeten als Gegenkultur die sogenannte Postmoderne (lat. post = hinter, nach), die Ideologien und allgemeingültige Normen ablehnte. Das etablierte Verständnis von Erfolg und Misserfolg spielt in der Postmoderne eine untergeordnete Rolle.

Postulate waren:
- Das Loslassen der Idee eines autonomen Subjekts als rational agierende Einheit
- Eine neue Hinwendung zu Aspekten der menschlichen Emotionalität
- Die Aufgabe von Solidaritätszwängen, Toleranzdenken und radikale Pluralität.

Im Zuge der Postmoderne begannen Menschen sich den Ansprüchen einer modernen Industriegesellschaft zu entziehen. Sie suchten stattdessen nach Selbstverwirklichung, »Erleuchtung«, einem Dasein als Aussteiger oder als Mitglied einer egalitären Gesellschaft (auf politische, soziale Gleichheit gerichtet), in der sie nicht mehr mit dem Erfolgs-Thema – und damit auch mit Misserfolg – konfrontiert wurden.

Heute gilt dieses Denken innerhalb der Postmoderne als weitgehend veraltet. Ihre Postulate werden nur noch bei den politisch Linken, der feministischen Bewegung wie auch von Aussteigern vertreten.

Dabei hat uns die Postmoderne ein Erbe hinterlassen, das wir mit in die Zukunft nehmen könnten: Das Wissen um die Ebenbürtigkeit und Gleichheit, die nicht auf einer gesellschaftlichen, sehr wohl aber auf einer inneren Bewusstseinsebene existiert. Auch wenn wir in unterschiedlichen Behausungen wohnen und unterschiedliche Lebensstile pflegen, sind wir, ob arm oder reich, in der Essenz doch alle gleich. Viele Menschen sind so stark fixiert auf die Notwendigkeit, Erfolg zu »produzieren«, dass sie das Erbe der Gleichheit und unsere Verbundenheit vollkommen übersehen.

Die innere Gleichheit (»Ich bin auch du«) darf nicht darüber hinwegtäuschen, dass eine äußere Egalität nicht praktikabel und auch nicht sinnvoll ist. Der Philosoph Ken Wilber hat sich in seinem Buch »Boomeritis«[40] ausführlich mit den Gefahren der äußeren Egalität auseinandergesetzt – wir sind alle Brüder und doch gilt: Trau, schau, wem! Die gesellschaftlichen Notwendigkeiten rufen nicht nach äußerer Egalität, sondern nach einer hierarchischen und zugleich integrierenden Struktur, nach gesellschaftlichem Streben bei glcichzeitiger Fehlerfreundlichkeit, wobei wir bereits beim Folgekapitel wären.

In Fehler führt uns die Furcht vor Fehlern.

(Horaz)

---

40 Ken Wilber, Boomeritis. Ein Roman, der dich befreit, Phänomen-Verlag, 2008

Die Zweite Moderne – Hinwendung zur »Fehlerfreundlichkeit«

Gegen Ende des 20. Jahrhunderts setzte eine neue, gerade erst aufblühende kulturelle Bewegung ein, inspiriert durch die Schriften des Soziologieprofessors Ulrich Beck (1944–2015),[41] die inzwischen Zweite Moderne (gelegentlich auch Europäische Moderne bzw. Weltmoderne) genannt wird.

Die Zeichen der Zweiten Moderne erleben wir in Europa wie auch in einzelnen außereuropäischen modernen Industriestaaten: Bisher national begrenzte Staaten öffnen sich für eine Politik der Globalisierung, Multikultur, Weltwirtschaft und – im Idealfall – globalen Verantwortung, die jedoch nicht Egalität bedeutet.

Mit der Zweiten Moderne tröpfelt seit ca. 1990 langsam, aber zunehmend eine neue Betrachtungsweise von Erfolg und Versagen, Gelingen und Scheitern in das kollektive Denken ein. Erfolg wird nicht mehr so stark wie in der Gründerzeit nach rein materiellen Errungenschaften gemessen, sondern in größeren Sinnzusammenhängen gesehen und beurteilt.

Ein Meilenstein zu einem neuen, integrierenden Verständnis von Fehlern und Misserfolg war das interdisziplinäre Symposium zum 60. Geburtstag des emeritierten Schweizer Professors Fritz Oser.[42] Dort wurden Themen diskutiert wie:

- Entwicklung einer Fehlerkultur in der Schule (Maria Spychiger)
- Autorität – Über die Verwandlung von Fehlern in Verfehlungen
- Unfehlbar sein: Dogma oder Teufelswerk? Anmerkungen zum Fehlermachen in Theologie und Kirche (Anton A. Bucher)
- Nicht gegen den Fehler, sondern für Fehlendes erziehen (Urs Haeberlin).

---

41 Beck ist Autor folgender Bücher: Risikogesellschaft. Auf dem Weg in eine andere Moderne, Suhrkamp, Frankfurt, 1986; Weltrisikogesellschaft. Auf der Suche nach der verlorenen Sicherheit, Suhrkamp, 2007; Das deutsche Europa. Neue Machtlandschaften im Zeichen der Krise, Suhrkamp, Berlin, 2012

42 Veröffentlicht in: Wolfgang Althof (Hrsg.), Fehlerwelten. Vom Fehlermachen und Lernen aus Fehlern, Verlag für Sozialwissenschaften

Während in der Ersten Moderne der Fokus auf Fehlervermeidung (und damit: Fehlervertuschung) gelegt worden war, entwickelte sich, inspiriert durch den Aufschwung östlicher Industrienationen, z. B. von Japan, eine Abkehr vom Perfektionszwang zugunsten von:

- Fehlertoleranz: Durch das Tolerieren von Fehlern eine stärkere Transparenz ermöglichen
- Fehlerfreundlichkeit: Fehler als produktives Potenzial für Verbesserungen nutzen
- Fehleroffenheit: Fehler als Inspiratoren für eine stärkere kollektive Problemlösungskompetenz nutzen
- Fehlerbewusstsein: Ein Bewusstsein dafür schaffen, Fehler nicht zu vertuschen, sondern als Lernanreize zu nutzen.

Im Zuge der Finanzkrise 2008/2009 entdeckte auch die Finanzbranche die kollektive Gefahr des Machbarkeitswahns inklusive aller subtilen Selbsttäuschungs- und Verblendungsprozesse, die damit verbunden waren. All dies weckte den Wunsch nach einer nicht bewertenden Offenlegung von Fehlern, des frühzeitigen Erkennens und Bekennens von Scheitern und Versagen.

Strategien für den neuen Umgang mit Fehlern und Misserfolgen gibt die Management-Trainerin Elke M. Schüttelkopf[43] in ihren Büchern und Seminaren:

- Ursachen statt Schuldige suchen
- Auf Verbesserung statt auf Strafe abzielen
- Dankbar sein für Fehlermeldungen
- Ruhig und sachlich statt emotional auf Fehler reagieren
- Gemeinsam aus Fehlern lernen
- Von einer »Blame Culture« zu einer positiven Fehlerkultur gelangen.

---

43 Autorin zahlreicher Bücher, u. a. Lernen aus Fehlern. Wie man aus Schaden klug wird, Haufe Verlag, 2013

Die fehlerfreundliche, Misserfolg tolerierende Mentalität der Zweiten Moderne ist im kollektiven Bewusstsein noch am wenigsten verankert. Der Wirtschaftspsychologe Michael Frese von der Leuphana-Universität in Lüneburg hat die Toleranz für Fehler in 61 Ländern verglichen und kam zu einem erstaunlichen Ergebnis: Deutschland befindet sich in der Fehlertoleranz auf dem vorletzten Platz, strenger ist nur noch Singapur.[44]

Mittlerweile gibt es Fehlermanagement-Kurse für Firmen. Den Mitarbeitern wird erklärt, dass Fehler okay sind. Ergebnis: Die Leistung der Mitarbeiter verbessert sich, die Fehlerquote sinkt. In der Medizin besteht immer noch die Tendenz, Arztfehler zu verschweigen. 2000 Ärztefehler werden jährlich in Deutschland nachgewiesen und anerkannt, laut Verein Aktionsbündnis Patientensicherheit betragen die Behandlungsfehler jedoch 40.000.[45]

Fehlerfreundlichkeit sehnt sich nach einer stärkeren Verwirklichung durch Menschen, die bereit sind, eine ganzheitliche, integrative und auch wertfreie Einstellung zu diesen Themen zu proklamieren.

Heute, wo wir uns immer stärker der Weltmoderne öffnen, suchen wir kollektiv eine neue Einstellung zu Fehlern, Misserfolg, Versagen und Scheitern zu entwickeln. Hiermit steht unsere Kultur an der Schwelle eines neuen Bewusstseins, das beginnt, Versagen und Scheitern als Chance zu betrachten – und nicht als Blamage.

Natürlich gibt es auch Gegenbewegungen zur Weltöffnung, gerade in der Politik: Regionale Kriege, Terrorgruppen, Flüchtlingsströme, die die Grenzen im Südosten Europas und im Süden Amerikas erreichen, lösen Angst und Beklemmung aus. Die Lösungsansätze für diese weltpolitischen Probleme weisen eine große Bandbreite auf: Von militärischer Mobilmachung, scharfer Bewachung regionaler Grenzen und radikaler Abschiebung Fremder bis hin zu einer Grenzöffnung im Sinn von »Seid umschlungen, Millionen«. Keines dieser Extreme kann sinnvoll sein. Es wird in den kommen-

44 Siehe Studie des Wirtschaftspsychologen Michael Frese, veröffentlicht in: ZEIT Wissen Nr.4/2013
45 Quelle: ZEIT Nr. 44/2012 vom 25.10.2012, abgedruckt in
    http://www.zeit.de/2012/44/Gesundheit-Reform-Patientenrechte

den Jahren sehr viel politisches Fingerspitzengefühl brauchen, um eine Lösung zu finden, die zugleich die nationale Sicherheit wie auch die Menschlichkeit im Umgang mit anderen wahrt. Der äußere Umgang mit solchen Menschen muss noch gefunden werden, doch unabhängig davon können wir im Inneren eine respektierende Haltung finden, auf der Bühne der Weltpolitik ebenso wie im zwischenmenschlichen Umgang mit unseren Nachbarn.

Der Umgang mit Gescheiterten, sozial Benachteiligten und Fremden darf nicht in einer Haltung von Arroganz, einem Dünkel der Überheblichkeit, einem Überspielen der eigenen Schwächen gepflegt werden, sondern in einer Haltung von Wertschätzung, Verbundenheit und bedingungslosem Wohlwollen (was nicht bedeutet, dass man allen Besitz verschenken soll).

Führende Soziologen unserer Zeit gehen davon aus, dass das Entwicklungsniveau einer Kultur daran erkennbar ist, wie sie innerkulturell, aber auch außenpolitisch mit Fehlern, Versagen, Scheitern und Mangelzuständen umgeht.

> *Wie macht man Berlin zur saubersten Stadt der Welt?*
> *Indem jeder vor seiner eigenen Türe kehrt!*
> (Klaus Jürgen Becker)

Plädoyer für eine sportliche Haltung im Wettkampf des Lebens
Der sportliche Profi-Wettkampf ist ein Feld der Begegnung, in dem Misserfolg, Versagen und Scheitern vorprogrammiert sind. Der Sieg des einen ist zugleich die Niederlage des anderen. Ob es zwei Fußballmannschaften sind, die gegeneinander antreten, zwei Tennisspieler oder Profiboxer: Es wird voraussichtlich einen Sieger und einen Unterlegenen geben, Freude auf der einen und Trauertränen auf der anderen Seite.

Als Geste der Fairness ehrt der Sieger den Verlierer, reicht ihm nach dem Spiel die Hand. Der Boxer, der vor dem Gongschlag noch versucht hat, seinen Gegner zu vernichten, liegt ihm nach dem Kampf in den Armen.

Das Wort »Amateur« wird heute volkstümlich als Schimpfwort gebraucht, dabei beherbergt es doch einen Schatz, der sich aus seiner lateinischen Wurzel (amare = lieben) herleitet. Amateur-Sportler treiben Sport im Sinn dieser Bedeutung, weil sie ihn lieben, nicht weil sie jemandem etwas beweisen müssen. Für sie bedeutet der Sport Motivation, Inspiration und Entspannung zugleich. Sie versuchen zu siegen – und genießen den Kampf auch dann, wenn sie unterlegen sind.

Die angemessene innere Einstellung des Amateur-Sportlers: Priorität hat ein erfreulicher Spielverlauf, nicht der Sieg. Sogar dann, wenn ich schlecht spiele oder kämpfe, sehe ich die Sache unverkrampft: Ich versuche so gut zu sein, wie es mir möglich ist. Wenn der Gegner stärker ist als ich, freue ich mich mit ihm an seiner Stärke. Ich achte gut auf mich, während ich diesen Sport betreibe, und gehe nicht über meine gesundheitlichen Grenzen.

Übertragen wir diese Einstellung vom Amateursport auf andere Lebensbereiche, zum Beispiel auf die Musik: Jedes Konzert repräsentiert das Ringen von musikalischen Kräften, gerade das macht es so spannend.

Auch im Alltag erleben wir immer wieder den Wettstreit, bewusst oder unbewusst. Wir wollen das Leben besser oder zumindest genauso gut bewältigen wie andere, mit denen wir uns vergleichen. Mal gelingt uns dies – und mal nicht.

Blicken wir auf das Geschäftsleben, erleben wir auch dort den Wettstreit. Konkurrenz belebt das Geschäft, sagt der Volksmund. Wir werden das Vergleichen und Konkurrenzdenken nicht aus der Welt schaffen können. Die gesamte Evolution ist darauf aufgebaut. Dies scheint so etwas zu sein wie das Salz in der Suppe des Lebens. Wer nicht mehr ringt, der hat bereits resigniert.

Wir können jedoch dem Vergleichen und dem Konkurrenzdenken eine wichtige Komponente hinzufügen: Das Wissen um die innere Ebenbürtigkeit und Egalität (siehe dazu die Ausführungen im Abschnitt über die Postmoderne) sowie die tiefe Wertschätzung dafür, dass der Bessere uns durch sein Vorbild motiviert, es ihm gleichzutun oder, falls es sich um ein abschreckendes Beispiel handelt, dass er uns vor seinen eigenen Fehlern warnt.

Daraus ergibt sich eine neue Haltung, die gerade in der heutigen Zeit besonders dringend gebraucht wird:
- Misserfolg, Scheitern und Versagen als Bestandteil des menschlichen Lebens würdigen, ohne ihm einen menschlichen Makel anzuheften
- Wertschätzung statt Neid gegenüber den Siegern und Wertschätzung statt Geringschätzung gegenüber den Verlierern erbringen
- Sich in spielerischer Leichtigkeit und zugleich engagiert den Herausforderungen des privaten und beruflichen Lebens stellen.

Diese Haltung ehrlichen Herzens zu erbringen, ist nur dem möglich, der in der Lage ist, den Sieger wie den Verlierer in sich wertschätzen zu können, denn Innen- und Außenwelt sind wie zwei gegeneinander gestellte Spiegel. Der Mensch hat die Aufgabe, sich mit beiden Welten auseinanderzusetzen, er steht im Leben im Auftrag dieser beiden Welten.

Im Erarbeiten dieser neuen Haltung muss jeder Mensch bei sich selbst beginnen, womit wir bereits beim Thema der inneren Bewältigung und dem folgenden Kapitel angelangt sind.

Bewältigung von Misserfolg, Scheitern und Versagen, Gesundung und Transformation auf eine neue Bewusstseinsebene

Wer im Leben mit reichlich Gesundheit, Glück und Erfolg gesegnet ist, glaubt oder hofft zumindest, dass es stets die anderen sind, die Misserfolg erleiden, versagen, scheitern, krank werden, altern oder gar sterben, niemals aber wir selbst. Denn wir selbst halten uns für klüger, geschickter, gesünder, begünstigter als die anderen. Erleben wir dann selbst herbe Niederlagen, sind wir enttäuscht, fühlen uns minderwertig und manchmal sogar sinnentleert. Die Auseinandersetzung mit Versagen, Scheitern, Misserfolg wird wie ein »kleiner Tod« erlebt, als ein Sterben der eigenen Vorstellungen, Träume, Wünsche und Visionen.

Auch der glücklichste und erfolgreichste Mensch wird von unangenehmen Ereignissen nicht verschont. Von Alexander dem Großen ist bekannt, dass er in seiner letzten Stunde sein halbes Königreich dafür bot, wenn es irgendeinem der Anwesenden gelingen sollte, sein Leben auch nur eine Stunde zu verlängern – ohne Erfolg.

In den vergangenen Kapiteln haben wir prominente Menschen auf ihren – oftmals schwierigen – Lebenswegen begleitet. In den meisten Fällen kamen Erfolg und Misserfolg gleichermaßen vor, wenn auch in unterschiedlichem Verhältnis. Scheitern, Versagen, Misserfolg waren immer schon Bestandteile des menschlichen Lebens und werden es auch immer sein.

Trotz steigender öffentlicher Toleranz für Scheitern und Versagen spürt jeder bei Misserfolg verständlicherweise ein starkes Unbehagen. Dies ist ganz natürlich – es ist seit Jahrtausenden biologisch und genetisch in uns angelegt, da die Evolution auf Erfolg und ständige Verbesserung aus ist. Durch Gefühle des Unbehagens soll im Dienst der Evolution eine Kurskorrektur eingeleitet werden.

In früheren Zeiten war die Krisen-Bewältigung einfach gehalten: Kämpfen, fliehen oder tot stellen. Da das Ausagieren dieser Überlebenstriebe heute in den seltensten Fällen adäquat ist, die durch das Unbehagen ausgelöste Energie jedoch abgeleitet werden muss, produziert der menschliche Organismus Ausweichreaktionen. Diese sind alles andere als hilfreich: Autoaggression, Blockierung, Gewalt gegen andere, Suchtverhalten, Resignation. Das aus Misserfolg resultierende Unbehagen lässt sich auf Dauer nicht verdrängen. Es verschafft sich oft auf eine destruktive Weise Ausdruck, z. B. durch Symptome oder zerstörerische Handlungen oder Ereignisse.

Die Menschen unterscheiden sich nicht in solche, die scheitern und versagen, und solche, die Erfolg haben. Der wesentliche Unterschied liegt in der Art und Weise, wie sie mit ihren Erfolgen, vor allem aber mit Misserfolgen umgehen. Hier zeigt sich der Reifezustand eines Menschen.

Misserfolg, Versagen, Scheitern sind eine starke Erschütterung im gewohnten Lebensablauf. Der Betroffene wird damit konfrontiert, dass »etwas nicht funktioniert« (hat) und an oder in ihm etwas »falsch« sein könnte. Er sucht eine Möglichkeit der Korrektur, wird aber innerhalb des eigenen So-Seins immer nur vorübergehend Linderung und Zuversicht finden. »Das Schlimme« könnte sich wiederholen. Wo findet der Betroffene seine innere Sicherheit und einen inneren Ort, von dem aus sich auch bei unerwünschten Ereignissen vertrauensvoll weiterleben lässt?

Es gibt zahlreiche Bücher, die Tipps geben, wie Sie im Außen Ihre Habe retten können, wenn herausfordernde Situationen auf Sie zukommen. Einige davon haben wir selbst geschrieben. Dort finden Sie Strategiepapiere, To-do-Listen und wertvolle praktische Tipps. Wie Sie jedoch psychisch Misserfolge verarbeiten, darüber schweigt sich die Literatur noch weitgehend aus. Darum ist uns dieser Bereich in diesem Buch ein Herzensanliegen und soll eine Lücke schließen.

Die Menschen unterscheiden sich nicht in Gewinner und Verlierer, sondern in Lernende und nicht Lernende. (…) Wer das Scheitern mit der Neugier eines Lernenden angeht, wird allmählich zu den Konturen seiner Bestimmung gelangen.[46]

Scheitern als Aufbruch verstehen

Misserfolg, Versagen, Scheitern führen zum Aufbruch, ob wir es wünschen oder nicht, und zwar im doppelten Wortsinn: Etwas bricht auf im Gescheiterten. Der Mensch erlebt, dass seine Strukturen zerbrechen, dass es so nicht weitergeht. Zugleich würde er gern den eingeschlagenen Weg weiterführen. Er ist sich unsicher, ob er trotz Niederlage in seinen bisherigen Lebensentwürfen verharren oder das Scheitern akzeptieren und neue Wege gehen soll. In beiden Fällen zieht der erlittene Verlust viel Lebensenergie ab.

Nicht nur Strukturen, sondern auch seelische Verhärtungen brechen auf, wenn der Mensch scheitert. Dieses Aufbrechen lässt sich auch positiv nutzen:

* Im Inneren, indem der Mensch, dessen Panzerungen aufgebrochen sind, lernt, mitfühlender und nachsichtiger mit sich und anderen zu werden. Damit dies möglich ist, ist Trauerarbeit notwendig. Hierum wird es im nächsten Kapitel gehen.
* Im Außen, indem der Betroffene, nachdem er seine Wunden ausreichend geleckt hat, wieder hinaustritt ins Leben, im Idealfall mit einem veränderten, realitätsnahen Lebenskonzept. Eine hilfreiche Struktur für einen Übergang finden Sie im übernächsten Kapitel.
* Spirituell, indem der Betroffene eine neue Bewusstseinsstufe erreicht, so wie der bereits erwähnte Samen, der durch Aufbrechen der Schale zur Pflanze, z. B. zu einem starken Baum, wird. Hierum wird es in späteren Kapiteln gehen.

---

46 Irmtraud Tarr, Das Donald-Duck Prinzip. Scheitern als Chance für ein neues Leben, S. 185

Umgang mit Trauer

Das Empfinden von Misserfolg, Versagen und Scheitern ist zwangsläufig mit einer tiefen Schwere, einem unguten Gefühl verbunden. Eine kluge Frau sagte einmal: »Du bist die Summe aller Erfahrungen, mit denen du nicht einverstanden bist!« Was sie vielleicht damit meinte ist, dass unser kleines Ich sich durch Widerstand gegen die vorhandenen unangenehmen Lebensereignisse und die im Unbewussten brodelnden Gefühle abgrenzt.

Solange wir es vermeiden, uns auf unangenehmes Empfinden in der Tiefe einzulassen, läuft der Verstand Amok. Als Betroffener lebt man außerhalb seiner inneren Mitte (»im Kopf«), ist »außer sich« – Gedanken von Sinnlosigkeit, Verzweiflung, Selbstbezichtigungen und Fremdbeschuldigungen wechseln sich ab, ohne dass man einen Ausweg finden kann. In solchen Situationen bringt Trauerarbeit die dringend benötigte Zentrierung.

Trauerprozesse sind nicht mit einmal erledigt. Sie verlaufen meist in Etappen. Schübe von Erleichterung können sich abwechseln mit Schüben von Resignation. Es ist wichtig, sich Zeit zum Abschiednehmen zu geben und bewusst sein Herz dafür zu öffnen, dass »das Bisherige« nicht mehr ist. Wichtig ist es, die Trauer nicht nur zu fühlen, sondern sich ganz bewusst die bisherigen Idealvorstellungen, Wünsche und Ziele einzugestehen, sich zu vergegenwärtigen, dass sie nicht mehr der Lebensrealität entsprechen, und zu fühlen, was dies mit einem macht.

Das Abschiednehmen nach einem Misserfolg, Versagen oder Scheitern verläuft üblicherweise in fünf Stufen:

1. *Nicht-wahrhaben-Wollen:* Dies ist ein Schutz der Seele, weil der Betroffene noch nicht bereit ist, seinen Verlust zu verkraften. Er tut so, als habe sich nichts geändert. Obwohl er längst bankrott ist, prasst er noch wie in früheren Zeiten. Obwohl der Arzt wegen seiner schweren Krankheit zur Schonung geraten hat, schlägt er weiterhin über die Stränge. Obwohl die Beziehung längst beendet ist und der Partner jemand anderen geheiratet hat, träumt er noch davon, dass der/die Geliebte zurückkehrt. Man gibt sich

souverän, liebenswert, siegesgewiss und macht dadurch sich und anderen etwas vor. In dieser Phase ist es sogar hilfreich, wenn das weltfremde »Nicht-wahrhaben-Wollen« erst einmal respektiert wird, ohne dass jemand versucht, dem Betroffenen die neue, unangenehme Wahrheit wie einen nassen Lappen um die Ohren zu schlagen. Der Gescheiterte sollte jedoch darauf achten, sich auf der praktischen Ebene mehr und mehr der neuen Situation anzupassen, z. B. keine unnötigen Ausgaben zu machen, wenn er pleite ist, und sich innerlich auf die zweite Stufe vorbereiten. Viele Menschen verharren ein Leben lang in dieser Phase, ohne jemals auf die zweite Stufe zu gelangen.

2. *Aufbrechen der Emotionen:* Sobald das Scheitern »realisiert« ist, melden sich alle unliebsamen Emotionen, die bisher verdrängt wurden: Widerstand gegen das, »was ist«, Angst, Neid, Wut, (Selbst-)Zerstörung, Schuldgefühle, Hass, Kränkung, manchmal brechen auch gesundheitliche Symptome auf. In dieser Phase besteht die Gefahr der Unberechenbarkeit, im Extremfall der Unzurechnungsfähigkeit. »Meine Welt ist zerbrochen – soll die der anderen doch auch zerbrechen.« Das Leben erscheint sinnlos, Meditation, Gebet oder kreative Aktivitäten sind erschwert. (Im Kapitel über seelische Bewältigung finden Sie einige Gebete und Meditationen, die sich auch in dieser Phase bewährt haben.) In dieser Phase ist es besonders wichtig, dass die Gefühle Platz bekommen und nicht bewertet werden, sie sollen unmittelbar erlebt werden dürfen. Was dem Betroffenen hilft, ist das Wissen, dass er selbst in dieser Phase unzurechnungsfähig ist, aber diese Phase vorübergehen wird.

3. *Sehnsüchtiges Festhalten am Alten:* Immer noch wirkt der Sog des Alten. Der Betroffene glaubt vielleicht, dass er durch einen Trick, durch Versprechen oder einen Handel doch noch in die alte Situation zurückkehren kann. Hier entstehen oft auch Versprechen, die auf kindlichem, magischem Denken beruhen, wie »Lieber Gott, wenn du die Situation rückgängig machst, verspreche ich dir …«. In dieser Phase ist es wichtig, den Verlust zu realisieren und sich neu auszurichten.

4. *Trauer bzw. depressive Stimmung:* Sie ist die natürliche Reaktion auf einen Verlust und jener Abschnitt im Abschiedsprozess, der darüber entscheidet, ob das Scheitern gelingt oder nicht. Die Notwendigkeit der Trauer angesichts von Scheitern und Verlust haben wir oben bereits erläutert.

5. *Annahme:* Irgendwann, wenn die Gefühle genug durchlebt worden sind, ist es möglich, die neue Situation wertfrei zu erleben. Im Suchen, Finden und Sich-Trennen entsteht Klarheit über das, was verloren wurde, aber auch über das Gute, das weiterhin im eigenen Leben wirkt. Man erkennt etwa, dass man zwar Geld verloren, sich aber seine Leistungsfähigkeit bewahrt hat. Die Gesundheit ist zwar beeinträchtigt, aber es gibt Möglichkeiten, auch damit Freude zu spüren. Der Partner ist zwar verschwunden, aber die Einsamkeit bietet Raum, sich ohne fremdes Einwirken zu erfahren. Im Idealfall ist es in dieser Phase möglich, das Vergangene wertzuschätzen, Dankbarkeit zu entwickeln, z. B. für eine Zeit der Fülle, der Vitalität, der Liebe. Da es in Wahrheit keine Zeit gibt, sind all die guten Dinge, die man erfahren hat, in der Ewigkeit weiterhin lebendig. Ein neues Selbstverständnis und ein neuer Bezug zur Umgebung werden jetzt möglich. Erst dies ermöglicht eine Öffnung für Neues im eigenen Leben.
Nach gelungenem Abschied öffnen sich von selbst Perspektiven auf neue Lebenschancen. Der Betroffene steht am Bahnhof seines Lebens, aber er schaut nicht mehr sehnsüchtig den verpassten Zügen hinterher, sondern nimmt die neuen Züge wahr, die gerade einfahren, anhalten und zum Einsteigen einladen. Jeder Abschied, bewusst vollzogen, führt in eine innere Freiheit, die jenseits der Zwänge unserer bisherigen Persönlichkeitsstruktur liegt.

Im Folgenden treffende Zitate des Benediktinerpaters und Buchautors Anselm Grün, die Sie im Umgang mit dem Scheitern unterstützen können:

* *»Manchmal braucht es das Abgeschnittenwerden, damit ein frischer Trieb ausschlagen kann. Aber die Wurzeln bleiben noch die Alten.*

Wer das bisher Gelebte nicht mehr anschauen und es für immer begraben will, der kann zwar eine gewisse Zeit von seinen neuen Möglichkeiten gut leben. Aber irgendwann wird er wurzellos und der neue Trieb wird vertrocknen. Auf einmal hat er keine Kraft mehr. Er hat sich selbst beschnitten und in ein neues Korsett gezwängt, das genau so einseitig ist wie das bisherige.«[47]

- *»Die neue Spiritualität, in die uns das Scheitern zu führen vermag, verherrlicht das Scheitern nicht. (…) Wir sollten darauf hoffen, dass unser Weg auch ohne Scheitern gelingen wird. Aber wenn wir scheitern, dann könnte eine Annahme des Scheiterns zu einer tiefen spirituellen Erfahrung werden. (…) Wer scheitert, erlebt oft genug den Ich-Tod, ohne dass er durch Meditation und Askese in das Loslassen des Ichs einüben müsste. Das Ego und seine Sicherheit werden ihm genommen. (…) Er begegnet seiner eigenen Nacktheit.«*[48]

- *»Wenn im Scheitern der alte Mensch mit seiner Sicherheit, mit seinem Sich-Eingerichtethaben gestorben ist, dann kann er den neuen Menschen anziehen (…) Das Scheitern zerbricht den alten Menschen, der sich von Illusionen täuschen ließ, der Idealbildern nachlief und meinte, darin Gottes Willen zu erfüllen. (…) Wenn der alte Mensch im Scheitern zunichte geworden ist, sind wir offen für Christus, der in uns wohnen und uns zu unserem wahren Selbst führen will.«*[49]

Es kann sein, dass bisher verdrängte Aspekt aufbrechen und ins Leben wollen. Im Verfolgen dieser ist es wichtig, dass das bisher Gelebte nicht komplett über Bord geworfen wird. Es braucht also eine gute Struktur im Umgang mit Übergängen – eine solche finden Sie im folgenden Kapitel.

Übung
Reise in die Gefühlsschichten – für Trauernde:
Machen Sie sich etwas bewusst, das Ihnen verloren gegangen ist.

47 Anselm Grün, Gescheitert? Deine Chance! Wenn Lebensentwürfe zerbrechen,
Vier-Türme-Verlag, S. 125
48 Ebd., S. 132
49 Ebd., S. 134

Nehmen Sie wahr, welche Gedanken damit verbunden sind. Oft sind diese alles andere als friedvoll. Nun wiederholen Sie mehrmals flüsternd oder in Gedanken das Wort »Trauer, Trauer, Trauer«. Spüren Sie, dass dadurch mehr Frieden in Ihnen einkehrt? Wenn dies der Fall ist, haben Sie Ihr Empfinden exakt benannt und sind dadurch ein Stück näher zu sich selbst gelangt. Dadurch ist Ihr Unbehagen nicht aus der Welt, aber Sie haben einen Griff, d. h. einen klaren Zugang zu Ihrem inneren Empfinden und damit einen Ansatz, Ihr Unbehagen von Grund auf zu transformieren.

Für eine tiefere Bearbeitung der Trauer helfen folgende Fragen:
• Was bedauere ich wirklich?
• Was habe ich nicht mehr, was mir sehr wichtig ist bzw. einmal sehr wichtig war?
• Welche Musik bzw. Aktivitäten können mich gut in meinem Trauerprozess begleiten?

Erlauben Sie sich, Ihre Trauer ganz bewusst wahr- und anzunehmen. Erlauben Sie ihr sogar, sich auszudehnen, bis es nicht mehr weitergeht. Und dann fühlen Sie, was darunterliegt. In der Regel befindet sich unter der Trauer eine andere Gefühlsschicht, die Sie ebenso erforschen können. Tauchen Sie auch in dieses Gefühl ein, erlauben Sie ihm, sich auszuweiten und spüren Sie erneut hin, welches Gefühl nun darunterliegt. Irgendwann wird sich wie beim Zwiebelschälen ein emotionaler Kern bei Ihnen zeigen. Dieser ist bei allen Menschen gleich: Es handelt sich um einen Zustand völligen Friedens, Eins-Seins, Okay-Seins, bedingungsloser Liebe und inneren Wissens, dass Sie innerhalb der Schöpfung geliebt, geborgen und getragen werden.

Geeignete Musik zur Trauerbegleitung:
• alle Adagios und Requiems
• die Peer-Gynt-Suite No. 1 von Edvard Grieg, 2. Teil: Ases Tod
• die Matthäus-Passion von J. S. Bach
• die CD »Requiem. Musik der Trauer«, Label: ART

- die CD »In memoriam – Zeiten der Trauer und Erinnerung« (Classical Choice), Label: Deutsche Grammophon

Den Verlust realisieren, den Übergang vollziehen – die Vier-Schritte-Technik

Wenn ein Mensch einen drastischen Verlust erlebt, ein Versagen, ein Scheitern oder einen Misserfolg, dann führt dies in seiner Beziehung zur Realität oft zu einer Art psychischer Abspaltung:

- Der nostalgische Teil des Menschen ist in der Realität unfähig zu handeln, da er noch in der Vergangenheit schwelgt, davon träumt, wie schön es damals war, bevor der Verlust geschah. Dieser Teil will nicht in der Gegenwart leben, sondern zieht ständig Aufmerksamkeit vom Bewusstsein ab, raubt wertvolle Energie, die zur Bewältigung der praktischen Lebensaufgaben notwendig wäre.

- Der traumatisierte Teil ist in der Verlusterfahrung arretiert, so wie eine Alarmglocke, die permanent läutet, obwohl der Vorfall doch bereits längst vorbei ist. Dieser Teil blockiert die Handlungsfähigkeit und vegetiert in Trance, vergleichbar dem Dornröschen, das nach dem unliebsamen Vorfall erstarrt und in einen tiefen Schlaf gefallen ist.

- Der verbleibende Teil »funktioniert« so gut, wie es ihm aufgrund seiner Lebenssituation möglich ist – meist ist er desillusioniert und hat sich aufgegeben. Seine Kreativität und seine Fähigkeit, einen Übergang in eine neue, befriedigende Existenzform zu erreichen, sind nahezu ausgeschaltet.

Um wieder frei zu werden für das Leben und alle Seelenkräfte in die Gegenwart zu ziehen, sind vier Schritte notwendig:

1. Den Verlust *realisieren*, um so in der *Realität* zu landen.
2. Das, was vom Verlust verschont wurde und weiter zur Verfügung steht, anerkennen, um *weiterhin vorhandene Ressourcen* zu nutzen und eine positive Lebenseinstellung zu generieren.

3. Die Brücke, den *Übergang* zum Neuen, das, was jetzt weiterhilft und vom Leben angeboten wird, wahrnehmen; diese Brücke wirklich betreten und über sie hinübergehen.
4. Das *neue Ziel*, welches das Leben nach der Verlusterfahrung bereithält, erkennen, es annehmen und anstreben.

Die Fehlstrategien an diesen vier Positionen wären:
- Den Verlust leugnen, verdrängen und sich dadurch im Bewusstsein an ihn zu binden.
- Das Verschonte nicht wahr- und annehmen wollen und sich dadurch um wertvolle Ressourcen betrügen.
- Sich weigern, über die Brücke zu gehen und den Übergang zu vollziehen.
- Das neue Ziel nicht in Besitz nehmen und »heimatlos« zwischen den Welten schweben.

»Kummerkarte«
Fünf der Kelche, Tarot von
A.E. Waite, zuerst veröffentlicht
im Jahr 1909 im Londoner
Verlag Rider.

Im Tarot enthält das archetypische Bild der »Kummerkarte« (Fünf der Kelche, Rider-Waite-Tarot), bei genauem Hinschauen, die Vier-Schritte-Technik:
1. Drei liegende Kelche (links unten): Das ist gescheitert; das habe ich verloren!

2. Zwei stehende Kelche (rechts unten): Das blieb verschont; das
   sind meine Ressourcen.
3. Brücke (rechts hinter der trauernden Person): Dies ist der Ausweg; dies hilft mir beim Übergang, mein Scheitern/die Situation
   zu überbrücken.
4. Die Burg (links neben der Brücke): Das ist das neue Ziel.

Um die vier essenziellen Schritte praktisch vollziehen zu können,
wollen wir uns zum Einüben erst einmal eines realen Beispiels aus
der Musikbranche bedienen:

Der Musiker Leonard Cohen glaubte, finanziell ausgesorgt zu haben. Sein Manager brannte jedoch zu einer Zeit, als Cohen (Jahr-
gang 1934) schon sehr alt war, mit dessen Geld durch, sodass Cohen
plötzlich Schulden hatte. Cohen hätte mit Gott und der Welt hadern, den Verlust leugnen und seine Gläubiger im Stich lassen können. Cohen erhielt jedoch zeitgleich das Angebot eines Veranstal-
ters, eine Tournee für ihn zu organisieren. Er entschied sich dafür:

1. Den Schmerz zu fühlen und zu realisieren, dass er kein Geld
   mehr hatte (und die im Schmerz verborgene Kraft zu nutzen,
   um weitere, sogar sehr hoffnungsspendende Lieder zu kompo-
   nieren)
2. Anzuerkennen, dass er weiterhin eine intakte Stimme und Fans
   in aller Welt hatte
3. Das Angebot des Tournee-Veranstalters anzunehmen
4. Im hohen Alter auf Tournee zu gehen.

Der Erfolg gab Cohen recht: Seine Beliebtheit erreichte ungeahnte
Höhen – das starke Mitgefühl, das der Musiker aufgrund seines
durchlebten Verlusts entwickeln musste, wurde zum Segen für
Abertausende seiner Fans. Durch seinen Lebensweg wurde Cohen
für viele Generationen zum bejubelten Vorbild im Umgang mit
Scheitern. In seinem Song »Anthem« (engl. Hymne, Lobgesang)
kommt seine positive Einstellung zum Ausdruck. Im Refrain des
Lieds singt er von einem Riss, der in allem Verbliebenen ist, aber

genau da scheine Licht herein ...

Nun ist die Reihe an Ihnen, die vier Schritte zu vollziehen:

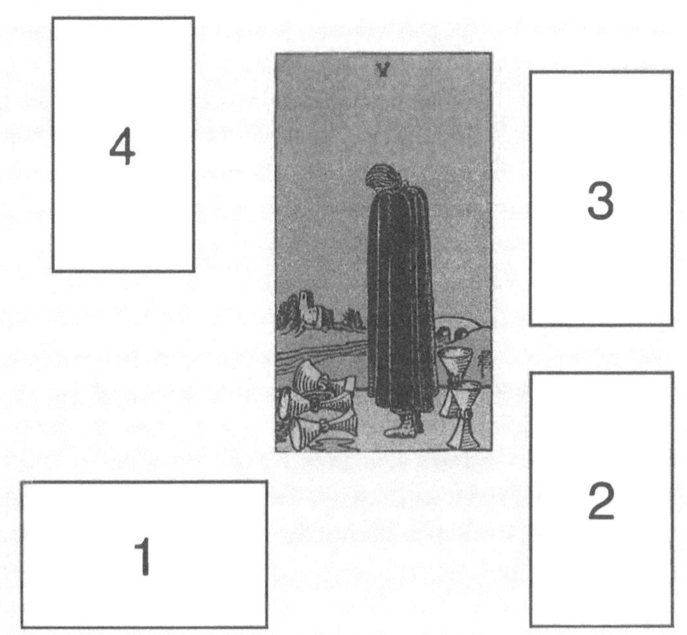

Übung
Verlust und Neuorientierung
Nehmen Sie vier leere Blätter Papier, versehen Sie diese mit den Ziffern 1–4 und legen Sie diese nach dem obigen Muster vor sich auf den Boden.

Machen Sie sich nun bewusst, was Sie momentan beschäftigt, belastet oder wo Sie festhängen. Erstellen Sie gegebenenfalls eine Liste und wählen Sie den für Sie wichtigsten Punkt, mit dem Sie weiterarbeiten wollen, aus.

Nun stellen oder setzen Sie sich, versehen mit einem Papierblock und einem Kugelschreiber, nacheinander auf die jeweiligen Blätter (»Bodenanker«) und vollziehen die folgenden vier Schritte:

1. Landen Sie in der Gegenwart! Egal, ob es sich um Scheitern, Versagen, Misserfolg oder auch einfach nur eine Verlusterfahrung handelt – machen Sie sich bewusst: Was ist es, was Sie momentan bedauern? Erstellen Sie eine Liste aller für Sie wichtigen Punkte und selektieren Sie diese nach Bedeutsamkeit, sodass Sie den für Sie wichtigsten (schlimmsten) Punkt schwarz auf weiß vor Augen haben. Fühlen Sie noch einmal die mit dem Verlust verbundene Trauer und dann, wenn Sie bereit sind, lassen Sie diese hinter sich und stellen Sie sich auf den nächsten Bodenanker.

2. Erinnerung – Fühlen Sie Ihre Ressourcen, das, was Ihnen nach wie vor zur Verfügung steht! Egal, wie sehr Sie sich als Versager oder gescheitert fühlen, immer ist etwas da, das Ihnen erhalten geblieben ist und zwar im Außen (symbolisiert durch den einen stehenden Kelch auf der Tarot-Karte) wie im Inneren (symbolisiert durch den anderen stehenden Kelch). Erstellen Sie eine Liste über diese Punkte und kreisen Sie auch hier den wichtigsten (hilfreichsten) Punkt ein. Fühlen Sie, wie mit der Erinnerung an diese inneren und äußeren Ressourcen neue Kräfte und Zuversicht in Ihnen aufsteigen. Dann, wenn Sie bereit sind, nehmen Sie diese geistig mit sich und stellen oder setzen Sie sich auf den nächsten Bodenanker.

3. Nun machen Sie sich bewusst, welche bisher vielleicht nicht gesehenen Chancen/Angebote/Optionen/Brücken Ihnen die gegenwärtige Situation bietet. Erstellen Sie eine Liste dieser Chancen und kreisen Sie jene ein, die Sie momentan für die wichtigsten halten. Finden Sie durch Hinspüren heraus, ob dies der Übergang ist, den Sie vollziehen sollen, oder ob doch ein anderer Punkt aus der Liste sich stimmiger anfühlt. Entscheiden Sie sich dafür, ganz konkret zu einem ganz bestimmten Zeitpunkt, diese Option auszuprobieren. Dann, wenn Sie bereit sind, stellen Sie sich tatsächlich vor, über eine Brücke zu gehen – stellen oder setzen Sie sich auf den letzten Bodenanker.

4. Nehmen Sie wahr, wie Ihre neue Lebensform aussehen und sich anfühlen könnte. Vielleicht bekommen Sie ja schon einen Vorgeschmack auf das Bessere, das auf Sie wartet.

Man muss einmal am Boden sein, um auf ihm stehen zu können.
(Stefan Radulian)

Nachdem wir uns emotional und praktisch mit der Bewältigung von Verlusterfahrung auseinandergesetzt haben, wollen wir zum – für uns – wesentlichen Aspekt kommen, nämlich dem Spirituellen und damit dem Bewusstseinssprung, den Ihnen der Umgang mit schwierigen Situationen bieten kann. Hiermit übersteigen Sie bereits die Grenzen des »kleinen Ich« und brechen in ein neues Land auf, das, ob Sie es wissen oder nicht, eigentlich Ihre wahre Heimat ist.

Spiritualität – Dünger für die Seele

Misserfolg, Scheitern, Versagen verlangen vom Betroffenen früher oder später einen entscheidenden Evolutionsschritt, einen Sprung in ein neues Bewusstsein. Entwurzelt durch die erlebte Erschütterung sucht das Bewusstsein des Betroffenen bewusst oder unbewusst nach einer »Rückverbindung« im wörtlichen Sinn von »Religion«. Es ist eine Hingabe, letztendlich Einswerdung mit einer Kraft, die das Ich um ein Vielfaches übersteigt. Dies ist weitaus mehr, als zu versuchen, »den alten Zustand wiederherzustellen« und vielleicht darüber hinaus »eine kleine Verbesserung zu bewirken«.

Wir glauben, dass dies der natürliche Weg des Menschen ist: Das Scheitern des Ichs, also des auf sich selbst fixierten Egos, wird jeder Mensch früher oder später erleben (spätestens im Sterbevorgang), damit er in sich Raum schaffen kann für die bewusste Wahrnehmung einer größeren Kraft, wie immer wir diese nennen mögen. Die Hinwendung an diese größere Kraft ist die einzige Möglichkeit, inneren Frieden zu finden.

Vielleicht sollten wir an dieser Stelle auch einen feinen Unterschied ziehen zwischen Religion (individueller Rückverbindung) und institutioneller Kirche (äußere Religionsform). Das Wort »Religion« entstammt dem lateinischen »religio«, das laut Cicero (1. Jh. v. Chr.) auf »relegere« zurückgeht (= wieder auflesen, wieder aufsammeln, achtgeben). Ursprünglich wurde dieses Wort zur »Beachtung« der alten Tempelkulte verwendet sowie in Abgrenzung zu übertriebener Spiritualität, die von kirchlichen Institutionen des Altertums oft als Aberglauben (Superstitio) verurteilt wurde.

Für die heutige Zeit hat der Religions- und Sprachwissenschaftler Axel Bergmann eine andere Interpretation parat: Das Wort »Religion« stammt vom altlateinischen »rem ligere« = eine Sache/Vorhaben binden (an die größere Kraft). Der Nutzen, den jemand aus seiner Rückverbindung ziehen kann, liegt darin, eine Verbindung mit einer größeren Kraft bzw. eine Transzendenz zu erreichen, die von Misserfolg, Versagen, Scheitern nicht berührt ist, und darin eine Heimat zu finden. Nach heutigem Verständnis wird auch die nicht in eine kirchliche Form eingebundene Spiritualität als Weg der seelischen Suche nach einem Erleben dieser größeren Kraft oder einem transzendenten Bezug anerkannt – neben ihrem Gegenstück, der Dogmatik, die den Glauben an die festgesetzte Kirchenlehre verlangt.

Nachfolgend eine Übersicht über die derzeit vorherrschenden Weltreligionen:[50]

Religion	Angehörige weltweit (Milliarden)	Angehörige BRD (Millionen)
Christentum	2,2 Mia.	48 Mio.
Islam	1,4 Mia.	4 Mio.
Hinduismus	0,9 Mia.	0,1 Mio.
Traditionelle chinesische Releigionen	0,4 Mia.	–
Buddhismus	0,4 Mia.	0,3 Mio.
Judentum	0,01 Mia.	0,2 Mio.
Nichtreligiöse	0,8 Mia.	26 Mio.[51]

50 Quelle: Wikipedia, Stichwort: Religion
51 Höhe vermutlich durch die Kirchensteuer bedingt

Laut Meinungsumfrage glauben von den deutschen Jugendlichen:[52]

- 30 % an einen persönlichen Gott
- 19 % an eine überirdische Macht
- 28 % weder an einen Gott noch an eine höhere Macht
- 23 % dass diese Frage nicht klärbar ist (Agnostizismus)

Ob der Mensch seine Religion über die Spiritualität oder die Dogmatik sucht und findet, ob auf den Pfaden der monotheistischen Religionen (Christentum, Islam, Judentum), einer polytheistischen Religion (Hinduismus), der pantheistischen oder der atheistischen Religionen (Buddhismus, Taoismus), scheint eine Sache des persönlichen Empfindens zu sein. Wichtig erscheint es, dass der Betroffene überhaupt beginnt, seine Rückverbindung zu suchen – dann wird sein Pfad ihn lehren.

Allen Religionsformen gemeinsam ist die Hinwendung an eine größere Kraft, die nicht intellektuell ergründet, wohl aber rituell praktiziert und intuitiv erfahren und gefühlt werden kann.

Da bekanntermaßen die Energie der Aufmerksamkeit folgt, verändert sich durch die rituelle oder intuitive Hinwendung an diese Kraft massiv die eigene Lebensausrichtung. Der Mensch wird zu dem, was er am meisten verehrt – und so bietet diese Neuausrichtung dem Menschen, der vormals noch unter seinem Scheitern litt, eine Chance: Innere Werte bzw. Schätze zu entdecken, zu praktizieren oder zu erfahren und freizulegen.

> *Religion ist erlebnishafte Begegnung mit dem Heiligen*
> *und antwortendes Handeln*
> *des vom Heiligen bestimmten Menschen.*
>
> (Gustav Mensching)[53]

Heute wird immer mehr Menschen bewusst, dass die eigentliche Rückverbindung zu dieser größeren Kraft ein zutiefst intimes und

---

52 Quelle: Thomas Gensicke: Jugend und Religiosität. In: Deutsche Shell (Hrsg.): Jugend 2006. Die 15. Shell Jugendstudie, Frankfurt am Main, 2006. Befragt wurden Jugendliche im Alter zwischen 12 und 24 Jahren
53 Zitat aus: Karl R. Wernhart: Ethnische Religionen. Universale Elemente des Religiösen. Topos-Verlag, Kevelaer, 2004, S. 28–29

individuelles, nicht kirchlich gebundenes Erleben ist. Es wird vom Einzelnen auf seine ihm einzigartige Weise wahrgenommen und stammt offenbar aus Ebenen jenseits allen Formgebundenen.

Aufgrund der unterschiedlichen individuellen Ausprägung bedeutet für jeden Menschen Gott, Jesus Christus oder Buddha etwas anderes, auch wenn es sich um die gleiche Instanz bzw. die gleiche historische Person handelt.

Und doch: In der Tiefe des inneren Empfindens werden von Meditierenden und Betenden, von Mystikern und Meistern aller Religionsformen die Qualitäten des Göttlichen bzw. der Heiligen und Religionsgründer mit ähnlichen Attributen beschrieben: Unendliche Liebe, allumfassendes Mitgefühl usw.

Wir glauben, dass alle Religionen der Welt und alle ihnen zugrunde liegenden Schriften in sich innere Geheimnisse bieten, die es sich lohnt zu erkunden, um sich selbst und die eigene Einbettung in die Schöpfung zu verstehen. Auf der Suche danach, was die großen Religionen der Welt uns zum Thema Scheitern und Versagen zu sagen haben, beginnen wir mit der größten Religion auf diesem Planeten – jener unserer eigenen Kultur, in der wir aufgewachsen sind.

Ihr sollt euch nicht Schätze sammeln auf Erden, da sie die Motten und der Rost fressen und da die Diebe nachgraben und stehlen. Sammelt euch aber Schätze im Himmel, da sie weder Motten noch Rost fressen und da die Diebe nicht nachgraben noch stehlen. (Matthäus 19.21; Lukas 12.33-34; Kolosser 3.1-2). Denn wo euer Schatz ist, da ist auch euer Herz.

Hiob – der Weg der bedingungslosen Hingabe

Die Lebensgeschichte von Hiob (Ijob; hebr. Ijov; arab. Ayyūb) wird im jüdischen Tanach, im christlichen Alten Testament, im Koran (Sure 21,83–84 und 38,41–44) sowie in altorientalischen mesopotamischen Paralleltexten beschrieben.

Die Geschichte erzählt, dass Gott dem Widersacher gestattete, Hiob durch schwere Schicksalsschläge zu prüfen, und Hiob erleidet ein Unglück nach dem anderen.

Daraufhin wollen Hiobs »Freunde« Elifas, Bildad und Zofar ihn zu einem Schuldgeständnis bewegen. Sie vermuten, dass Hiob eine schwere Sünde begangen habe, die Grund für seine vermeintliche Bestrafung sei. Doch Hiob beteuert stets seine Unschuld.

Im Lauf der immer schlimmer werdenden Ereignisse hadert Hiob mit Gott (er ringt mit den destruktiven Energien, welche die Schicksalsschläge in ihm auslösen), doch er findet letztendlich zu einer immer stärkeren Hingabe an den Schöpfer, zu seiner Treue zu Gott: *»Nackt bin ich aus meiner Mutter Leib gekommen, und nackt kehre ich dahin zurück. Der Herr hat gegeben und der Herr hat genommen, der Name des Herrn sei gepriesen.«* (Hiob 1,21).

Schließlich belohnt Gott Hiobs Hingabe, indem er ihm zweimal so viel Wohlstand und Gesundheit schenkt, wie ihm zuvor, bedingt durch den Widersacher, genommen wurde.

Die biblische Geschichte von Hiob gefällt uns deshalb besonders, weil darin das Scheitern frei von allem Makel stattfindet – und wieder aufgehoben wird. Verstehen wir sie als archetypische und vielleicht auch als eine »innere« Geschichte, können wir ihr wertvolle Hinweise für das eigene Leben entnehmen:

Frei von einem moralischen »Gut-und-Böse-Kontext« könnten wir den »Widersacher« als die erfolgsverhindernde Kraft im eigenen Inneren (»Schatten« im Sinn von C. G. Jung) deuten. Interessanterweise findet in der Hiob-Geschichte kein direktes Ringen Hiobs mit dem Widersacher statt, sondern nur mit dem, was die Schicksalsschläge innerpsychisch auslösen. Dort und nur dort ist der Ort der (inneren) Auseinandersetzung, und von dort geht die erlöste Geistes-Haltung aus.

Elifas, Bildad und Zofar könnten wir in der Hiob-Geschichte als archaische Vertreter einer falsch verstandenen Esoterik sehen, welche an die unbedingte Machbarkeit von Erfolg und die zwangsläufige Kausalität aller Ereignisse, unterstützt durch einen erfolgswilligen guten Gott, glaubt: Dem, der Gutes denkt, redet und tut, geht es gut, der »schlechte« Mensch dagegen bekommt eine karmische Strafe.

Elifas, Bildad und Zofar halten sich für Gottes Botschafter, sind aber eher »Pharisäer«, die alttestamentarische Sündenregister anbieten, nicht praktische Hilfe für einen Gescheiterten. Diese drei »Freunde« wollten Hiob sicher nicht schaden, im Gegenteil: Sie wollten ihm helfen. Doch ihr Bewusstseinshorizont lag so weit unterhalb der benötigten Erkenntnisebene, dass sie nicht einmal ansatzweise verstehen konnten, worin die eigentliche Prüfung für Hiob bestand.

Auch heute noch gibt es die Dialoge zwischen Elifas, Bildad, Zofar und Hiob – sie finden in jedem einzelnen Menschen statt. Es sind innere Dialoge zwischen dem Erlebnisbewusstsein, das vorübergehend durch eine schwierige Zeit geht, und dem inneren Ankläger, dem inneren Richter und dem inneren Verteidiger.

Ebenso tauchen in der äußeren Welt immer wieder moderne Vertreter von Elifas, Bildad und Zofar auf. Dies sind Menschen, die demjenigen, der gescheitert ist, einen Makel anheften: Der Betroffene sei »selbst schuld« an seinem Scheitern; er habe etwas Falsches getan oder schlichtweg nicht positiv gedacht – welch eine Arroganz! Kausale Unterstellungen helfen einem Menschen in Not nicht.

Erinnern wir uns daran, dass der biblische Jesus den Menschen die Füße wusch – und nicht den Kopf! Damit gab er auch uns ein Beispiel dafür, wie wir mit anderen umgehen sollten, die einen »staubigen« und manchmal schweren (Schicksals-)Weg hinter sich haben.

Letztlich geht die Hiob-Geschichte gut aus. Es ist kein äußerer Kampf, den Hiob gewinnt, sondern bedingungslose Hingabe in schwierigen Zeiten. Wir könnten innerpsychisch diese Geschichte so deuten, dass die negativen inneren Kräfte durch Hingabe verbrannt bzw. energetisch entladen wurden, bis nur noch die bedingungslose Verbindung an die eine Kraft – unabhängig von Erfolg oder Misserfolg – übrig bleibt.

Das Besondere in der Hiob-Geschichte ist, dass der Zusammenhang von »Schicksal« und »Schuldzuschreibung« durchbrochen wird: Gegen Ende der Geschichte bestreitet Hiob die Schuld an seinem Schicksal und bekommt vor Gott Recht. Dies steht in krassem Gegensatz zu früheren Darstellungen im Alten Testament, in denen von Krankheit, Elend und Scheitern als Ausdruck von Gottes Zorn die Rede ist.

Uns gefällt der Gedanke des »schuldlosen« Scheiterns, Versagens und Misserfolgs, wie er bei Hiob dargestellt wird. Ich denke, dies dürfte auch Hiob gefallen, wenn er heute noch leben würde. Es geht für Hiob (in uns) überhaupt nicht um Schuldzuschreibung, sondern um Neuausrichtung im Bewusstsein. Und diesen Gedanken können wir aufnehmen, um uns von dem kausalen Denken zu lösen und den Evolutionssprung zu vollziehen, von dem in den folgenden Kapiteln noch weiter die Rede sein wird.

Der Begriff »Hiobsbotschaft« wird üblicherweise in einem negativen Zusammenhang verwendet, um Schicksalsschläge zu beschreiben. Doch wir laden dazu ein, die Hiobsbotschaft einmal ganz anders zu verstehen. Die eigentliche, bisher verkannte Hiobsbotschaft ist die Biografie einer sich ständig vertiefenden Beziehung zwischen dem Menschen und einer Kraft, die größer ist als er, in der Bibel »Gott« genannt. Sie ist Ausdruck eines (Ein-)Lösungswegs. Wer mit Hiob nicht zurechtkommt, dem dürfte es ebenso schwerfallen, den Heilsaspekt, der in der Kreuzigungsgeschichte Jesu verborgen liegt, zu verstehen. Dort finden wir ebenso die Geschichte einer wachsenden Intimität mit Gott, sogar noch in weitaus größerem Ausmaß.

Interessanterweise enthält das Buch Hiob eine doppelte Transformation im Gottesbild: Im Alten Testament wird Gott (»Jahwe«) als die Summe aller Gegensätze dargestellt – alles kommt von Gott, Gutes wie Böses, Glück wie Leid. Gott ist die eine Kraft, welche sich in der Welt der Dualität polar ausdrückt. Es war für die Menschen irgendwann schwer zu verstehen, dass Gott auch böse sein soll, wenn sie selbst doch dem Guten nacheifern sollten, um Gott nahezukommen. Und so lag die erste Transformation des Gottesbilds darin, dass im Buch Hiob die Gegensätze von guter Kraft (Gott) und böser Kraft (Satan) aufgespalten sind.

Mit dem Bild eines »guten Gottes« stellte sich den Gläubigen jedoch ein neues Problem, mit dem viele Menschen auch heute nicht mehr zurechtkommen: Wie kann es sein, dass guten Menschen Böses und bösen Menschen Gutes geschieht – wie kann ein »guter Gott« dies zulassen?

Die zweite Transformation, die im Gottesbild der Hiob-Geschichte angedeutet ist, bietet ein Lösungsmodell an, das wir wie folgt deuten möchten: Es geht in der Hiob-Geschichte überhaupt nicht um »Gut und Böse«, weder bei Hiob noch bei Gott. Der beschriebene Schöpfer ist kein »Deus ex Machina«, eine »göttliche (Erfolgs-)Maschine«, sondern eine zurückhaltende, abwartende und beobachtende Kraft, die sich erst dann zeigt, wenn die Zeit dafür gekommen ist. Ja, wir glauben, mit so einem Gott können wir gut leben.

Es ist die wachsende Intimität des Menschen mit der »Einen Kraft« außerhalb aller Vorstellungen, die ihn in die Welt jenseits aller kausalen und moralischen Berechnungen und damit auf die nächste Stufe des Bewusstseins bringt. Um in diese zu gelangen, müssen die Grenzen des im bilateralen Denken gefangenen »Mind« (Verstand, Gemüt) überstiegen werden. Genau dies vollzog Hiob anhand seiner Geschichte auf die ihm entsprechende Weise.

Eine Analogie finden wir Jahrtausende später in der Beschreibung des Johannes vom Kreuz (1542 1591) über »die dunkle Nacht der Seele«. Der spanische Mystiker dokumentiert das Niemandsland zwischen dem eigenen Bewusstsein und der Beziehung mit dem Göttlichen, in dem es dem Gläubigen fast nicht möglich ist, irgendeine andächtige oder religiöse Verbindung wahrzunehmen.

»Da Gott den Sinnen und der Vernunft aber keine Hilfe mehr gewährt, scheinen diese Fähigkeiten nutzlos zu sein. Mehr und mehr wächst die Überzeugung, dass man überhaupt nicht mehr beten könne.«[54]

---

54 Zitat aus: Sich dem Geheimnis öffnen. Texte zu Mystik und Kontemplation, Vier Türme Verlag, hier: Thomas Keating, Die Geschichte des kontemplativen Gebetes, S. 25

Das, was Johannes vom Kreuz als einen Verlust seiner Gottesbeziehung und Hiob als Schicksal wahrnimmt, könnte, wie bei Hiob, der Prozess eines spirituellen Erwachsenwerdens sein – von einer kausal denkenden bzw. sentimentalen, intuitiv fühlbaren Spiritualität hin zu einer reifen bedingungslosen Hingabe an die eine Kraft (Gott).

»Alles, was in einem solchen Zustand zu tun bleibt, lehrt Johannes vom Kreuz, ist, in Ruhe zu verharren, nicht zu denken zu versuchen und vor Gott zu bleiben, im Glauben an seine Gegenwart sich Ihm immer wieder neu zuwendend, so, als öffne man die Augen, um auf ein geliebtes Wesen zu schauen.« [55]

Im Hinweis des Johannes vom Kreuz, in der Stille zu verharren, können wir möglicherweise auch eine Parallele zu Meditationspraktiken erkennen, wie sie im Fernen Osten, z. B. im tibetischen Buddhismus oder in der ZEN-Tradition, üblich sind. Tatsächlich lohnt es sich, einmal den Blick nach Tibet zu wenden, auf das dort vorherrschende Verständnis des Lebens. Denn dieser Blick vermag vielen Menschen das zu spenden, was sie am dringendsten suchen – (höheren) Sinn!

Erfolg und Scheitern nach dem tibetischen Lebensrad

Im Gegensatz zum Materialismus des Westens, der oft in einem falsch verstandenen mosaischen (jüdisch, Altes Testament) »Macht euch die Erde untertan« [56] wurzelt, haben die Tibeter ein völlig anderes Verständnis von Erfolg. Dieser bedeutet für sie nicht materieller Gewinn, sondern Befreiung aus dem Hamsterrad, in dem das menschliche Bewusstsein gefangen ist. Hierfür haben sie ein sehr schönes Modell entwickelt, das sie »Lebensrad« nennen. Es stellt die verschiedenen Lebensqualitäten in einer sehr übersichtlichen und nachvollziehbaren Struktur dar.

Die Tibeter sagen, dass sich die verschiedenen Qualitäten, in denen Leben erfahren werden kann, auf sechs Kategorien reduzieren

55 Ebd.
56 1. Mose 1,28

lassen, die sie »Daseinsbereiche« nennen (siehe die Sechs-Teilung des Kreises in der Grafik »Lebensrad«). Sie verstehen diese Daseinsbereiche als mögliche Bewusstseinszustände, die jedoch, ohne dass der Betreffende es weiß, mentale Käfige darstellen. Dieses Gefangensein wird von den meisten Menschen nicht bemerkt, da sie nichts anderes kennen. Es ist vergleichbar mit einem Menschen, der in einem Gefängnis aufgewachsen ist und sich nicht vorstellen kann, dass es jenseits der Mauern noch eine andere Welt gibt.

Oft sind es gerade Misserfolg, Versagen, Scheitern, Krankheit, Not, die den Menschen nach einem Weg suchen lassen, aus seinem Gefängnis auszubrechen. Bedauerlicherweise suchen einige der Verzweifelten den Ausweg durch Selbstmord. Doch nicht das Ende des Körpers bietet die Befreiung, sondern das Ende der Identifikation mit dem mentalen Gefängnis, in dem das Bewusstsein versklavt ist (wer sein Auto gegen den Baum fährt, hat alle Probleme, die er vorher hatte, auch noch, er hat lediglich das Werkzeug zerstört, mit dem er die Probleme hätte lösen können). Doch dazu mehr an späterer Stelle.

Nachfolgend eine Gegenüberstellung des tibetischen Lebensrads mit Camille Flammarions bekanntem Holzstich »Wanderer am Weltenrand« (erstmals abgebildet 1888 in der dritten Ausgabe von Flammarions Buch »L'atmosphère. Météorologie populaire«). Sie zeigt, dass es im Osten wie im Westen Menschen gibt, die wissen, dass »eine Welt hinter der Welt« besteht.

Tibetisches Lebensrad

Holzstich von Camille Flammarion

Schauen wir uns die Daseinsbereiche im Lebensrad genauer an. Einer davon wird von den Tibetern das »Reich der Halbgötter« (im Lebensrad oben dargestellt), ein anderer das »Reich der Höllenwesen« (im Lebensrad unten dargestellt) genannt.

Das »Reich der Halbgötter« entspricht der Daseinsebene, wie sie in vielen Illustrierten abgebildet ist und wie tatsächlich viele »Erfolgreiche« heute leben: Der Mensch verfügt über alle materiellen Besitztümer und Luxusgüter, die er sich erträumen kann. Er meint, er sei der Größte – es fehlt jedoch das Bewusstsein über seine essenzielle (»göttliche«) Natur. So angenehm dieses Reich auch ist, beinhaltet es doch die Gefahr, arrogant und überheblich zu werden, und auf andere, die weniger begütert sind, herabzusehen, diese zu verurteilen. Spirituelle Lehren werden häufig als »Narkosemittel« benutzt, um die eigenen Ängste vor Scheitern, Versagen, Unzulänglichkeit zu verdrängen. Viele der sogenannten »Schönen und (Erfolg-)Reichen« fühlen sich tatsächlich innerlich leer, da ihnen der Kontakt mit ihrer essenziellen Natur fremd ist.

Schauen wir uns nun das »Reich der Höllenwesen« an, eine Bewusstseinsebene, in welcher Scheitern, Versagen, Leiden, Krankheiten erlebt werden. Mit dieser Ebene hängen äußerst unangenehme Situationen und Erfahrungen zusammen. Das »Reich der Höllenwesen« entspricht dem gemiedenen Verließ im hintersten, verdrängten Teil der Seele, dem Schatten all dessen, was wir eigentlich nicht erleben wollen, was aber offenbar Jesus Christus, Hiob, Johannes vom Kreuz durchlebt haben.

Es liegt uns fern, die Hölle zu glorifizieren, aber das »Reich der Höllenwesen« bietet einen Vorteil: Es ist eindeutig unangenehm dort. Daher besteht in diesem Reich, also im Misserfolg, Versagen und Scheitern, eine sehr starke »Weg-von-Motivation«, die sich in eine konstruktive Kraft umwandeln lässt. Sie kann eingesetzt werden, um zu verändern – entweder die äußeren Umstände oder die innere Haltung zu den Umständen. Vielleicht können wir aus diesem Grund dem Scheitern, wenn es schon einmal geschieht, eine heilende Kraft zusprechen, mehr noch: Eine Kraft, die in der Lage ist, sinnbildlich »Raupen-Bewusstsein« in »Schmetterlings-Bewusstsein« zu verwandeln.

Der bekannte tibetische Meister Chögyam Trungpa wurde einmal gefragt, was er tun würde, wenn er in eine Situation käme, in der er großem Stress, Schmerz, Leiden, Verlust und Unbehagen ausgesetzt sei – Empfindungen, die dem »Reich der Höllenwesen« entsprechen. Seine Antwort war verblüffend: »Ich würde so lange wie möglich dortbleiben!«[57]

Der Ausweg für den Gescheiterten liegt nach dem tibetischen Modell also nicht darin, einen Weg zu suchen, um in das »Reich der Halbgötter« zu gelangen. Sollte dies geschehen, ist es sicherlich angenehm. Das Modell geht jedoch davon aus, dass die Bewohner beider Ebenen, jener der Halbgötter wie jener der Höllenwesen, gefesselt sind – die einen an Ketten aus Gold, die anderen an Ketten aus Blei. Die Lösung für den Gescheiterten liegt demnach auf der bereits angesprochenen essenziellen Ebene: Unangenehme Erfahrungen und Situationen als hilfreiche und treibende Kraft im Dienst eines gewaltigen Evolutionssprungs im Bewusstsein zu nutzen.

> *Ein Problem kann nicht auf der Ebene gelöst werden,*
> *auf der es entstanden ist.*
>
> (Albert Einstein)

Die meisten Menschen verstehen Misserfolg, Versagen und Scheitern rein funktionell: Sie glauben, dass ihr Leben sinn- und gehaltlos ist, wenn sie nicht bekommen, was sie wollen, und zwar auf die Art, wie sie es wollen. Doch um wirklich Befreiung zu erfahren, müssen wir die oben erwähnte Transformation im eigenen Bewusstsein geschehen lassen – durch Ein-Verstanden-Sein, Hingabe an das, »was ist«, mehr noch: Durch die Bereitschaft, zu einem bewussten Mitarbeiter am großen Werk der Schöpfung umgewandelt zu werden, losgelöst von der allgemein üblichen Egozentrik und von pharisäerhaftem Dünkel.

Die Erfahrung, dass Misserfolg, Versagen, Scheitern und die damit verbundenen unangenehmen emotionalen Prozesse Bestand-

---

57 Siehe: Mariana Caplan, Verwandle Misserfolg in Erfolg. Gewinnen durch Verlieren, Via Nova Verlag, 2003, S. 25

teile des menschlichen Lebens sind, kann unser Mitgefühl wecken. Es kann dazu führen, dass wir dem Leben in einer weitaus größeren Verstehenstiefe begegnen und Gescheiterte nicht wie Aussätzige behandeln oder die Straßenseite wechseln, wenn wir sie sehen.

Nachdem wir uns in diesem Kapitel mit der tibetischen Tradition beschäftigt haben und damit, was sie uns für den Umgang mit schwierigen Situationen lehren kann, wollen wir weiterreisen in eine andere Tradition. Diese hält wertvolle Informationen und Bewusstseinsübungen für Sie bereit, die Sie darin unterstützen, den geforderten Evolutionssprung zu vollziehen.

Das »No-Mind-Prinzip« –
Störgedanken und Störgefühle durch Bewusstheit ersetzen
Ich glaube, dass in jedem menschlichen Bewusstsein der Wunsch zu siegen einprogrammiert ist. Wo diese Absicht, dieser Wunsch versagt wird, suchen Menschen einen Weg, ihren seelischen Schmerz in irgendetwas hinein loszulassen oder aufzulösen. »Gut ist's, worin ich mich lösen kann«, sagte einmal ein weiser Mann.

Dieses Etwas, in welchem der Schmerz aufgelöst wird, kann nicht das bisher gepflegte Bewusstsein mit seinem üblichen Denken und Fühlen sein, denn dieses ist es ja, das die Seelenpein verursacht.

Im Zeitraum von 1961–1990 trat ein Lebenslehrer in die Öffentlichkeit, der einen Weg aufzeigte, sich des Seelenschmerzes zu entledigen und einen Zustand von spirituellem Erwachen zu erreichen. Er nannte diesen »No Mind« (frei übersetzt: Befreiung vom menschlich begrenzten Denken und Fühlen). Der Name des Mannes war Rajneesh Chandra Mohan Jain (1931–1990). Von seinen Anhängern wurde er später Bhagwan (Sanskrit, »der Gesegnete«) bzw. Osho genannt.

Osho war zeit seines Lebens eine umstrittene Figur: Die einen sahen in ihm einen Antichristen, die anderen einen neuen Buddha. Lassen wir all die Legenden, Geschichten, Mythen um Osho einmal im Raum stehen und versuchen wir zur Essenz seiner Lehre vorzudringen.

»No Mind« im Sinn von Osho ist ein Zustand, der sich durch Meditation erfahren lässt. Dabei erwächst im Menschen die Fähigkeit, die Identifikation mit dem eigenen Mind[58] wahrzunehmen und loszulassen. Der Betroffene gewinnt eine gewisse Distanz zu den Gedanken und Gefühlen, die ihn peinigen, wenn er glaubt, versagt zu haben.

Im Gegensatz zum herkömmlichen »positiven Denken«, welches impliziert, die guten Gedanken zu behalten und die negativen zu ignorieren, ist »No Mind« darauf ausgerichtet, jegliche Identifikation mit der Gedankentätigkeit loszulassen. Die Macht der Gedanken und Gefühle über das eigene Bewusstsein wird dadurch aufgeweicht. Moralische Bewertungen wie »Gut und Böse; versagt haben versus erfolgreich sein« erfahren eine Relativierung. Etwas anderes, jenseits des Kontexts von diskursivem Denken, Bewusstheit, ist für den Betroffenen erlebbar. No Mind im Sinne von Osho ist nicht ein Zurückfallen in das dumpfe Bewusstsein eines Primitiven, sondern das Leben aus einer erwachten Bewusstheit heraus.

Diese Lehre ist nicht neu: Bereits der historische Buddha Siddhartha Gautama Shakyamuni (ca. 500 v. Chr.) empfahl, sich nicht mit den eigenen Gedanken zu identifizieren. Neu ist die moderne und illustre Form, mit der Osho diese Lehre präsentierte, sowie die in herkömmlichen Religionen oftmals verschmähte Bejahung von Lebenslust und Sinnlichkeit – gepaart mit spiritueller Bewusstheit.

Viele Menschen, die glauben, im Leben versagt zu haben, finden Zuflucht bei der Lehre Oshos. Dort erleben sie ein Wirkungsfeld, in dem sie nicht für ihr Scheitern verurteilt werden. Sie können vielmehr erkennen, dass Schuldgefühle, Versagensängste und Selbstwertprobleme lediglich Erscheinungsformen des Geistes sind, die mit ihrer (vollkommenen) Essenz nicht identisch sind. Nicht Erfolg oder Misserfolg im wirtschaftlichen Sinn ist gemäß dieser Lehre wichtig, sondern das Erwachen zur eigenen (Buddha-)Natur.

Die Lehre Oshos ist nach wie vor umstritten, insbesondere, da sich unter seinen Anhängern viele gesellschaftliche Aussteiger befinden. Es gibt eine ganz hervorragende Meditation, die Ihnen in

58 Mind = engl. Sammelwort für Verstand/Gemüt/Geist

schwierigen Zeiten helfen kann, die Identifikation mit leidvollen Gedanken und Gefühlen zu lösen – sie bildete einen Hauptbestandteil der von Osho unterrichteten Meditationspraxis, die Vipassana-Meditation[59].

Übung
Vipassana-Meditation

Stellen Sie einen Minutenwecker auf eine festgelegte Zeit (empfohlen werden: mindestens 3, maximal 60 Minuten). Entscheiden Sie sich dafür, während der Meditation weder auf Telefon, Türklingel noch auf von innen kommende Gedanken zu reagieren. Begeben Sie sich in eine Sitzposition, in der Sie sich für die Dauer der Meditation nicht bewegen müssen (z. B. im Schneidersitz auf dem Boden oder auf einem Stuhl mit den Beinen nebeneinander auf dem Boden). Es ist hilfreich, wenn Ihre Wirbelsäule dabei gerade ist.

Nun beobachten Sie Ihren Atem, wie er durch Ihren Körper ein- und ausströmt. Weder treiben Sie den Atemstrom voran, noch unterdrücken Sie ihn. Sie sind einfach Zeuge davon, wie der Atem ein- und ausströmt. Es stärkt Ihre Konzentration, wenn Sie dabei das Ein- und Ausströmen des Atems an einer ganz bestimmen Körperstelle fühlen, z. B. im Bauch oder an der Nasenspitze.

Während Sie meditieren, wird es vorkommen, dass »Störgedanken« in Ihnen aufsteigen, wie z. B. »Ich muss jetzt etwas essen«, Gedanken an Ihre Arbeit, vielleicht auch Körperempfindungen. Wenn Sie dies bemerken, nehmen Sie es einfach wertfrei wahr und kehren zur Atembeobachtung zurück. Die Tatsache, dass Sie Ihr »Hinwegdriften« bemerkt haben, ist bereits ein Hinweis, dass etwas in Ihnen wieder ins Gewahrsein zurückgekehrt ist.

Verfahren Sie ebenso, falls »Störgefühle« in Ihnen aufsteigen sollten. Nehmen Sie diese wertfrei wahr und lassen Sie sie vorüberziehen, vielleicht so wie Wolken am Himmel, die kommen und gehen. Oder wie Züge am Bahnsteig, die ein- und ausfahren, ohne, dass Sie in diese »Gedankenzüge« einsteigen müssen.

---

59 Diese Meditation ist nicht neu: Sie wurde bereits vom historischen Buddha unterrichtet, erlangte jedoch durch Osho in der westlichen Welt besondere Aufmerksamkeit

Wenn der Minutenwecker klingelt, stehen Sie bewusst auf und gehen Ihrem Alltag nach. Die Bewusstheit, die Sie durch Ihr Nichtreagieren auf Störgedanken und -gefühle gestärkt haben, wird Sie mehr und mehr auch in Ihrem Alltag begleiten. Die Erfahrung: Es ist tatsächlich möglich, Gedanken und Gefühle mit Abstand zu betrachten, wie sie von selbst kommen und gehen, ohne auf sie reagieren zu müssen.

Mit zunehmender Praxis wird Ihr Geist immer mehr die Stille erfahren, jenseits allen »Verstandeslärms«. Aus dieser Bewusstheit werden Sie in Ihrem Leben mehr und mehr etwas bemerken können, was wir Synchronizität nennen. Aufgrund Ihrer Bewusstheit und wertungsfreien Offenheit sind Sie verfügbar für glückliche Zufälle. Sie erhalten einen tieferen Einblick in das Weltengetriebe und vor allem in das, »was die Welt im Innersten zusammenhält«, um mit Goethes »Faust« zu sprechen.

Das, was Sie bisher Ihr Ich (mit all seinen Gefühlen und Gedanken) genannt haben, wird Teil Ihres Gewahrseins, statt Ihr Leben zu tyrannisieren. Sie beginnen, sich bewusst und einfühlsam in einem Gefüge subtiler Verbundenheit zu bewegen.

Advaita – das eigene Ich übersteigen

Der Mensch glaubt, er sei ein Einzelwesen – solange er dies glaubt, leidet er an Versagen und steigert sich in Dünkel über seinen Erfolg. Misserfolg, Versagen, Scheitern werden jedoch nur im Mind, auf der Ebene des Ich, erlebt.

Ich räume ein: Angesichts von leidvollen Situationen ist es opportun, das Ich zu stärken, um weitere Misserfolge abzuwehren. Doch die weitaus größere Chance ist es, das Ich zu übersteigen und die Verbundenheit mit einer größeren Kraft zu erfahren und aus ihr heraus zu leben; die Situation so zu einem Evolutionssprung im Bewusstsein zu nutzen. Ein Weg dorthin ist das Praktizieren von »Advaita«, einer religiösen Philosophie, die in Indien beheimatet ist, jedoch immer stärker in unserer modernen Industriegesellschaft bekannt und als Bewusstseinshilfe genutzt wird.

Das Wort »Advaita« kommt aus dem Sanskrit und bedeutet: Nicht-Zweiheit bzw. Nicht-Dualität. Erste Texte zur Advaita-Lehre finden wir in den Veden (indische Weisheitsschriften), insbesondere in den Brahmasutras (1./2. Jhd. n. Chr.). Bedeutendster Vertreter des Altertums war Shankara (788–820 n. Chr.). Hauptbestandteil der Advaita-Lehre ist, dass die Dualität zwischen Ich und Nicht-Ich in Wahrheit gar nicht existiert. Dualität ist demgemäß immer ein Zeichen von Verblendung, Unwissenheit, Leugnung dieser Nicht-Zweiheit. Reisen wir mit diesem Wissen in unsere Zeitepoche:

Von 1879–1950 lebte in Südindien ein Weiser namens Venkataraman (Ramana Maharshi). Im Alter von 16 Jahren wurde er von heftigen Todesängsten geplagt. In der Auseinandersetzung damit fragte er sich, wer es denn überhaupt sei, der hier vom Tod betroffen sei. Er erkannte, dass zwar der Körper verfalle, jedoch nicht das Selbst bzw. dessen Bewusstheit, die er »Atman« nannte. Seine Erfahrung des Erwachens beschrieb er später wie folgt:

»Das Selbst war etwas sehr Reales, das einzige Reale in meinem derzeitigen Zustand, und die gesamte bewusste Aktivität meines Körpers konzentrierte sich auf dieses Selbst. Seither ist die faszinierende Kraft dieses Selbst im Mittelpunkt meiner Aufmerksamkeit geblieben. (...) Andere Gedanken erscheinen und verschwinden wieder, ähnlich wie die Noten eines Musikstücks, aber das Selbst ist wie ein Grundton unter den anderen Noten stets vorhanden und mischt sich mit diesen. (...) Vor dieser Krise vermochte ich das Selbst nicht klar wahrzunehmen, und ich fühlte mich nicht bewusst vom Selbst angezogen.«[60]

Nach seiner Todesangst-Erfahrung zog er in eine Berghöhle. Später begann er, andere Menschen die Nicht-Zweiheit zu lehren. Dabei verwendete er eine Methode, die von alters her unter dem Namen »Atma Vichara« bekannt ist. Unabhängig davon, mit welchen Anliegen und Problemen die Menschen zu dem Guru kamen, stets fragte er sie nach dem Ich:

---

60 Zitat aus: Wikipedia, Ramana Maharshi

- »Wer ist es denn überhaupt, der von dem Problem betroffen ist?«
- »Wer ist dieses Ich?«
- »Wer bin ich wirklich?«

Viele Menschen erkannten, dass all die Störgedanken und Störgefühle, die sie, gerade in schwierigen Zeiten, erfahren, auf der Illusion einer vom Ganzen getrennten Identität beruhen, auf diesem »Ich«.

Nun wollen wir erfahren, wie die Advaita-Lehre den Zugang zu unserer modernen Gesellschaft fand: Ein Mann namens Eckhart Tolle, der als einer der bedeutendsten (Advaita-)Lebenslehrer unserer Zeit bezeichnet wird, lebte in den 1970er-Jahren praktisch zwei Jahre auf einer Parkbank. Mit 29 Jahren war er in eine so starke Sinnkrise geraten, dass er nicht mehr weiterleben wollte. Als er eines Nachts von Ängsten und Selbstmordgedanken gebeutelt wurde, stieg in ihm folgender Gedanke auf: »Wenn ich mich hasse, dann muss da jemand sein, der gehasst wird, und ein Ich, das dies wahrnimmt, und nur einer von beiden ist real!« Die Identifikation mit seinem Ich löste sich auf und er fand sich am nächsten Morgen in einem sinnentleerten, stillen, friedvollen und ungemein klaren Bewusstseinszustand wieder. Zu seiner Erfahrung als Obdachloser hieß es später:

»Offenbar war diese Erfahrung aber unverzichtbar. Denn was er dabei lernte war, dass es immer weiter geht. Immer habe sich da eine Chance aufgetan, sich etwas zu essen zu verdienen. Als Eckhart Tolle einer Eingebung folgend in die USA und nach Canada zog, hatte er ein wenig Erspartes dabei. Das reichte genauso lange, wie er brauchte, um sein Buch fertig zu schreiben. Naja, fast. Ein Monat fehlte. Er kaufte sich ein Los, gewann 1.000 Dollar und schrieb das Buch zu Ende. Der Rest ist Geschichte.«[61]

---

61 Vorstellung des Buchs »Jetzt! Die Kraft der Gegenwart.
   Ein Leitfaden zum spirituellen Erwachen« von Eckhart Tolle, Kamphausen Verlag, durch Momo Lenz,
   http://www.faktor-l.de/faktor-leben/leben-im-jetzt-eckhart-tolle/25-der-ist-ja-hundertprozentig-
   charismafrei

Wer Eckhart Tolle nach seinem »spirituellen Erwachen« in seinen Vorträgen erlebt hat, kann bestätigen, dass dieser Erwachte frei von Egozentrik und voller Selbstbewusst-Sein ist. Er macht kein besonderes Aufheben um seine Person, sondern ist eins mit dem Augenblick, im Hier und Jetzt, lebt authentisches Eins-Sein.

Nachfolgend eine Übung, die Ihnen einen Geschmack von dieser Freiheit vom Ich geben soll.[62]

Übung
Lösung vom versklavenden Ich

Beschreiben Sie sich und Ihre Lebenssituation, aber in der dritten Person. Sie können dies schriftlich tun oder im Gespräch mit einem anderen Menschen. So entsteht eine Liste, wie z. B.:

- Peter trinkt gerne Cappuccino (falls Sie Peter heißen)
- Peter macht sich viele Gedanken über das Leben
- Peter weiß nicht, wie er in Zukunft sein Geld verdienen soll
- Peter fühlt sich beruflich und privat sehr unter Druck
- Peter sieht oft keinen Ausweg
- Peter hat Probleme mit seinen Gelenken
- Peter ist sehr leicht irritierbar
- usw.

Schreiben Sie vielleicht zwanzig wichtige Punkte auf. Dann halten Sie inne. Imaginieren Sie, dass Ihr Ich – der Peter – sich komplett in dem EINEN Bewusstsein auflöst, in dem, was immer war und immer sein wird, dem, was sich nie ändert, in dem, was die einen »Atman«, die anderen »Gott« und wieder andere »universelle Kraft« nennen.

Wenn Sie selbst dieses EINE Bewusstsein wären:

- Hätten Sie mit all den Themen, die Peter hat, irgendein Problem?
- Hätten all diese Themen irgendeine Auswirkung auf Sie?
- Würden diese Sie belasten?

---

62 Diese Übung stammt nicht aus der Advaita-Lehre, kann Sie aber in Kontakt mit diesem Zustand der Ich-Befreiung bringen

Die Antwort wird jedes Mal »Nein« lauten, denn sonst wären Sie nicht das Eine Bewusstsein (Atman, Gott, die eine Kraft), das, was sich nie verändert. Nun erkennen Sie, dass Sie nicht der Peter sind, der all diese Probleme hat, sondern diese eine Kraft, dass dies Ihre wahre Identität ist.

Die Identifikation mit dem einen Selbst ist eine Einweihung und lässt Sie spüren, wie es ist, sich nicht mit dem »hautverkapselten Ich« zu identifizieren und auch die Identifikationen mit »dem Versager«, »dem Gescheiterten«, »dem Erfolglosen« loszulassen.

Um diesen Geschmack zu vertiefen, empfiehlt sich der Besuch bei einem spirituell erwachten Lehrer.

Der Bezug zu etwas Größerem, »Göttlichen« ist deshalb im Umgang mit Scheitern, Versagen und Misserfolg so essenziell, weil dieses Größere in der Lage ist, Schmach und Belastungen aufzulösen. In der Bewältigung von Scheitern hilft es – als höchstes oder gar absolutes Prinzip, als den größten Wert und Sinn des Lebens – etwas zu wählen, das sich jenseits von Erfolg und Scheitern befindet. Ob wir gut gewählt haben, erfahren wir gerade angesichts schwieriger Situationen.

Wer den Mammon als höchsten Wert gewählt hat, dessen Lebensinhalt ist abhängig von seinem finanziellen Erfolg. Wer gesellschaftlichem Status huldigt, dessen Leben erscheint sinnlos angesichts von gesellschaftlicher Ächtung. Wer in seinem Körper das höchste Gut sieht, wird bei Krankheit oder Altern verzweifeln. Auch Familie, Freundschaft, Sinnesgenuss und Sexualität sind als Lebensinhalte unzuverlässig, da sie Schwankungen unterliegen. Im Misserfolg, Versagen, Scheitern braucht der Mensch eine Bezugsgröße, auf die er sich beziehen und aus der er Zuspruch und Kraft ziehen kann.

Lebenslehrer wie Ramana Maharshi, Eckhart Tolle und viele andere konnten ihre Ängste, ihr Scheitern nutzen, um die beengende Identifikation mit dem »hautverkapselten Ich« loszulassen und so eine neue Freiheit zu gewinnen.

In der »Losgelöstheit vom Ich« leben Sie in Einheit mit dem Ganzen und erfahren Geborgenheit in dem, »was ist«. Nicht-Zwei-

heit lässt auch erkennen, dass es ein »Webmuster der Schöpfung«
gibt, mit dem der Mensch kooperieren kann. Um dieses wird es im
nächsten Kapitel gehen.

Wer da frei vom Wahn des Ich und seiner Täterschaft,
wer da frei von Selbstsucht ist, der tötet nicht, selbst wenn er tötet,
und bleibt ungebunden, was er auch tut.

(Bhagavad Gita, Kapitel 18, Vers 17)

Geborgenheit für Versager und Erfolgreiche –
Kontakt zur allumsorgenden Matrix der »großen Mutter«

So wie ein Berg von verschiedenen Seiten bestiegen werden kann,
obwohl es sich doch um denselben Berg handelt, gibt es verschiedene Wege, schwierige Situationen als Evolutionsbeschleuniger zu
nutzen. Im vorigen Kapitel haben wir den »Weg der Unterschei-
dung« genutzt, um einen vom Ich losgelösten Zustand zu erreichen. Nun möchten wir Ihnen zeigen, wie Sie die Belastungen des
Ichs in einer größeren, allumsorgenden Kraft auflösen und sich in
ihr geborgen fühlen können. Diese Kraft nennen wir »die große
Mutter« oder »die allumsorgende Matrix«.

Das Wort »Matrix« (ebenso wie »Matrize«) kommt aus dem Lateinischen. Es hängt sprachlich mit dem »mütterlichen Prinzip«
(»mater«) zusammen. Ursprünglich bedeutete es »Gebärmutter«
wie auch »Muttertier«; der deutsche Plural lautet Matrizen.

In unserer Zeit werden beide Begriffe in mannigfaltigen Zusam-
menhängen verwendet:
- die Kernmatrix im Inneren des Zellkerns
- die Matrize im Druckbereich als Druckvorlage
- die Matrize in der Gusstechnik als Hohlraum (Gussform)
- die Matrize beim Stanzen (Gegenstück zum Stempel)
- die Matrize in der Zahnmedizin als Hilfsmittel zum Legen einer
  Füllung
- die Matrize in der Genetik als Quell-DNA- oder -RNA-Strang
  zur Duplizierung von Gensequenzen

Populär geworden ist der Begriff »Matrix« durch den gleichnamigen Science-Fiction-Film.[63] Dort wird mit Matrix eine computergesteuerte Traumwelt bezeichnet. Die Welt, in der die Menschen leben, sei lediglich eine Simulation, die das menschliche Bewusstsein gefangen halte. Tatsächlich gibt es auf diesem Planeten mehrere Matrizen, innerhalb derer wir uns orientieren können: Es existiert de facto eine computergesteuerte Parallelwelt, die wir Tag für Tag vor Augen haben, wenn wir den PC bedienen, im Internet surfen, Videospiele spielen, Fernsehen schauen oder ins Kino gehen; in ihr gibt es »virtuelle Freundschaften«, ja sogar »virtuelle Hochzeiten« und »virtuelle Schlösser«, die ausschließlich in der Computerwelt existieren.

Eine solche virtuelle Matrix heißt »Second Life« – viele User verbringen einen Großteil ihres Tages im »second life« nach dem Motto: Wenn es in diesem Leben nicht geklappt hat, dann baue ich mir eine Traumwelt (Second Life) auf – und lebe darin.

Auf uns wirkt so eine Vorstellung bedrohlich, doch so eine Art von Matrix meinen wir nicht.

Bei aller Hektik im Weltengetriebe ist völlig in Vergessenheit geraten, dass es noch eine andere, eine beseelte Matrix gibt, die nichts mit moderner Technik und auch nichts mit besagtem Film zu tun hat. Sie steht seit Urzeiten jedem Menschen zur Verfügung, ob arm oder reich, ob technisiert oder jenseits der Zivilisation lebend. Es handelt sich hierbei vielmehr um das spirituelle Webmuster der göttlichen Schöpfung. In dieses Webmuster sind die Königreiche der Natur, das Königeich der Mineralien, der Pflanzen, der Tiere und das Königreich der Menschen eingebettet. Wir können uns diese Verbindung wie ein riesiges Netz vorstellen, wie das Netz eines Zirkusakrobaten, das ihn trägt, sollte er einmal in die Tiefe stürzen.

Das Leben hier auf der Erde ist vergleichbar der Performance-Kunst eines Lebensakrobaten – so wie sie der deutsche Maler Max Beckmann auf seinem Bild »Akrobat auf dem Trapez« sehr schön

---

63 Der Film »Matrix« stammt aus dem Jahr 1999, mit Keanu Reeves als »Neo« und Laurence Fishburne als »Morpheus« in den Hauptrollen

dargestellt hat. Und es gibt diese Kraft, die hält, die auffängt, die trägt – in tiefer Fürsorge für das Ganze und für jeden Einzelnen von uns. Bedauerlicherweise weiß kaum jemand von dieser Kraft.

Wie viel Leid, Seelenschmerz, Schuldgefühle und Disstress könnten vermieden werden, wenn Menschen in schwierigen Situationen wüssten, dass es diese fürsorgliche Kraft gibt, und sich von dieser Kraft führen ließen. Der Mensch von heute vertraut zu sehr dem »wirtschaftlich-sozialen System« (wieder eine andere Matrix), hat Angst, von der Norm abzuweichen, aus der Reihe zu tanzen, seinen Arbeitsplatz zu verlieren; er orientiert sich lieber innerhalb des mentalen kollektiven Käfigs an dem, was »man tut«, statt den Kontakt zu der anderen, der fürsorglichen Matrix zu suchen.

Wiederum andere rebellieren gegen die Funktionalität unseres modernen Wirtschaftslebens und versuchen sich durch ihre Rebellion dem Druck der Anpassung zu entziehen. Doch auch sie stehen auf verlorenem Posten, da sie gegen etwas opponieren, was sich ihnen als Realität zeigt – die Kultur, in der wir leben.

Es gibt jedoch einige, die sich in aller Tiefe auf ihr eigenes Scheitern eingelassen und den Weg des Scheiterns durchlebt haben. Sie wissen davon zu berichten, dass es noch etwas anderes – diese tragende Kraft – gibt.

Wenn ein Manager es geschafft hat, dass der Umsatz seines Unternehmens von fünf auf sechs Millionen gestiegen ist, dann mag er dies vielleicht seinem eigenen Fleiß und Können zuschreiben. Doch wenn jemand, der kein Geld, keinen Besitz oder nicht einmal einen Platz zum Schlafen hat, erlebt, dass er von dieser Kraft getragen wird, dass er sich ihr anvertrauen kann, dass sich ständig hilfreiche Zufälle ereignen, die ihm beim Überleben helfen, dann weiß er, dass diese Zufälle, diese »Synchronizität« nicht der Verdienst seines Fleißes oder Könnens ist. Sie erwachsen aus seiner Hingabe an dieses Größere, aus seinem Inneren-eingestimmt-Sein auf diese Matrix. Er weiß, dass es das Geschenk einer Gnade ist, die immer da ist – auch wenn er sie nicht als sein Eigentum beanspruchen kann.

Der aussichtsreiche Weg liegt in schwierigen Zeiten darin, den Kontakt mit dieser fürsorgenden Kraft zu suchen, sich ihr hinzugeben und von ihr tragen zu lassen. Dies bedeutet nicht, das Tätigsein im Dienst des Ganzen zu verweigern, sondern mit den Händen in der materiellen Welt und mit dem Herzen in Verbindung mit dieser Kraft zu sein.

Viele der öffentlich bekannten Personen, die wir in diesem Buch kennengelernt haben, haben in ihrem Scheitern auf dem Bodensatz ihres Lebens die Wärme und Liebe dieser Kraft gespürt und sich von ihr getragen gefühlt. Sie haben diese Kraft je nach Tradition unterschiedlich benannt: Gott, Heiliger Geist, Jesus, Maria, Buddha, Quan Yin, Tara, …

In früheren Kulturen wurde diese Matrix die »Energie der großen Mutter« genannt – eine universelle, überpersönliche Kraft, die in tiefer Fürsorge für jedes einzelne Lebewesen ist.

Eine schöne Darstellung dieses Prinzips schuf gegen Ende des 19. Jahrhunderts George Frederic Watts (1817–1904) mit seinem Kunstwerk »The All-Pervading«. Das Bild zeigt eine sitzende Figur, die mit meditativ-fürsorglichem Blick auf eine Kugel (»Weltkugel«) schaut, die sie in den Händen hält. Aus unserer Sicht stellt dieses Bild den weiblichen Aspekt Gottes dar. Da es sich um einen Bodensatz handelt, nennen wir das, was trägt, »die fürsorgliche Matrix« und das, was dieses subtile Gewebe sorgsam in Balance hält, »die Energie der großen (Welten-)Mutter«. Tatsächlich fühlt diese »große Mutter« durch jedes lebende Wesen, sie fühlt alles Leid und alle Freude auf diesem Planeten durch jeden Einzelnen von uns. Mehr noch, sie trägt und umsorgt diese. Sie ist mit allem verbunden, was auf der Erde lebt.

Unabhängig davon, wie der Einzelne diese fürsorgliche Kraft bezeichnen mag – wichtig ist es, gerade in schwierigen Zeiten, den Kontakt mit dieser Kraft aufzunehmen, zu fühlen und zu lernen, sich ihr anzuvertrauen.

Es gibt immer mehr Menschen, die die Existenz dieser größeren, tragenden Kraft erfahren haben und andere Menschen ermutigen, den Kontakt mit ihr zu suchen, ihr zu vertrauen und aus diesem

Kontakt heraus zu leben. Gespeist von dieser Kraft erwächst ein Vertrauen, mehr noch, ein Wissen um diese universelle Fürsorge, die ständig für den Betroffenen da ist. Sie ist unabhängig von seinem Erfolg oder seinem Scheitern und steht jedem zur Verfügung, der gelernt hat, sich ihr zu öffnen.

Da der Ungeübte oft nicht weiß, wie er mit dieser Kraft Kontakt aufnehmen kann, möchten wir Ihnen im folgenden Abschnitt ein Gebet vorstellen, das Sie im Erleben dieser allfürsorgenden Kraft unterstützen kann.

Anrufung der göttlichen Mutter – Erleben der Einheit mithilfe des Gayatri

Die Kraft der göttlichen Mutter ist in den meisten Weltreligionen bekannt. In China wird die Kraft des höchsten weiblichen Prinzips »Quan Yin« genannt, im Buddhismus »Tara«. Im Christentum kennen wir die Mutter Maria, die in einer Doppelfunktion wirkt, sowohl als Himmelsmutter wie auch als Gottesgebärerin.[64]

Viele Menschen erfahren Trost, Hilfe, Schutz und Zuflucht durch die Anrufung von Mutter Maria, das Ave Maria, insbesondere im Rosenkranzgebet oder durch eine andere, ihrer Religion entsprechende Anrufung des höchsten weiblichen Prinzips. »Die Mutter ist näher als der Vater«, sagte einmal der große Yogi Paramahansa Yogananda, als er die Anrufung der göttlichen Mutter empfahl.

An dieser Stelle möchten wir Ihnen ein Göttinnen-Gebet nahelegen, das Sie vielleicht nicht kennen. Seine Besonderheit liegt darin, dass Sie diese Anrufung nicht an eine von Ihnen getrennte Person richten (z. B. Mutter Maria im Himmel), sondern während des Gebetes die gesamte Existenz als die Emanation (lat. herausfließen, hervorgehen) der großen Göttin erfahren können. Es handelt sich um das Gayatri-Gebet bzw. den aus ihm resultierenden Gayatri-Gesang.

---

64 Leider haben wir mit der Einführung des Christentums die weibliche Dreifaltigkeit (rote, weiße, schwarze Göttin) durch eine Dreifaltigkeit (Vater, Sohn, Heiliger Geist) ersetzt, in der die weibliche Gotteskraft nicht mehr vorkommt. Vom höchsten weiblichen Gottesprinzip ist lediglich die weiße Göttin, die »Jungfrau«, übrig geblieben

In den Veden wird beschrieben, dass der Gott Brahman über die von ihm geschaffene Schöpfung dermaßen entzückt war, dass er einen Lobgesang anstimmte. Dieser Gesang wird Gayatri(-Gebet) genannt und gilt als älteste Gebetsform der Welt. In Indien gilt das Gayatri als »Mutter der Veden« und wird bei Sonnenaufgang, zur Mittagssonne und zu Sonnenuntergang gebetet oder gesungen.

Das Gayatri ist auf die Erdgöttin Gaya bezogen (die Frau des Schöpfergottes Brahma).[65] Es handelt sich um eine Form der Verehrung eines Bewusstseinszustands, der sich in Einklang mit dem Webmuster des Ganzen in völliger Entsprechung bewegt.

Mit dem Gayatri rufen wir also die Göttin Gaya an, die nach hinduistischem Glauben die drei Welten (das physische, astrale und kausale Universum) beherrscht und mit Licht erfüllt. Das Gayatri erinnert den Betenden: Seine wahre Natur ist nicht das »hautverkapselte Ich«, sondern diese Drei-Einheit. Der Text dieses Gebetes lautet:

Sanskrit (in Lautsprache)	Deutsche Übersetzung (sinngemäß)
Om bhur bhuvah swaha tat savitur varenyam bhargo devasya dhimahi dhiyo yo nah prachodayat.	*Om Erde, Äther, Himmel, das, was unaussprechlich ist, ist da, um verwirklicht zu werden. Wir ehren deinen Sonnenglanz.*

Das Gebet wird so ausgesprochen, wie es geschrieben ist. Wer unsicher in der Sprachmelodie ist, kann sich über das Internet unter dem Stichwort »Gayatri« die richtige Aussprache anhören oder

---

65 Es ist durchaus möglich, Mutter Maria und Gayatri gleichzeitig zu verehren – auf der höchsten Bewusstseinsebene existiert nur Göttlichkeit, wie immer wir diese erfahren

verschiedene CDs erwerben, auf denen das Gayatri gesungen wird, und dieses mitsingen.[66]

Die Bedeutung der Wörter im Gayatri im Einzelnen:
→ Om (Aum) – Ursprung der Schöpfung. Der hinduistischen Lehre nach destillierte der Schöpfergott Brahma aus den drei heiligen Schriften (Veden) die Buchstaben A, U und M. Das Aum ist sprachverwandt mit dem christlichen Wort Amen.
→ Bhur – materielle Daseinsebene
→ Bhuvah – Zwischenwelt zwischen Erden- und Himmelswelt; astrales Universum
→ Swah(a) – Himmelswelt; kausale Daseinsebene
→ Tat – das Absolute, Unendliche
→ Savitur – Schöpfer (verwandt mit der weiblichen Gottheit Savitri)
→ Varenyam – verehrungswürdig
→ Bhargo – Beseitigung der Unwissenheit
→ Devasya – strahlend
→ Dhimahi – wir meditieren/beten
→ Dhiyo – Einsicht
→ Yo – welcher
→ Nah – unser(e)
→ Prachodayat – erleuchten

Im Gayatri zeigt sich die gesamte Existenz als fürsorgliche Gotteskraft in ihrem weiblich-mütterlichen Aspekt. Die im Gayatri angebetete Sonne bezieht sich auf das Licht des Schöpfergotts Brahma, nicht nur auf die Sonne unseres Sonnensystems. Um eine optimale Wirkung zu erzielen, sollte das Gayatri mehrmals (laut, flüsternd oder in Gedanken) wiederholt werden. Ideal ist eine Wiederholung von 108 Mal. Falls dafür zu wenig Zeit besteht, von 27 Mal. In herausfordernden Situationen oder zur Erlangung eines besonders klaren Zustandes empfehlen sich mehrere Durchgänge, also z. B. 216

66 Z. B. die CD »Gayatri Mantras« von Lex Van Someren und Stephanie M'Aria, Ayam Music, erhältlich unter www.someren.de

oder 432 Mal, so lange, bis Sie die allumfassende Einheit der großen Mutter spüren. Durch die konzentrierte Wiederholung werden sämtliche Störgedanken und -gefühle »zerschnitten« bzw. aus Ihrem Energiefeld gereinigt.

Besonders unterstützend ist es, wenn Sie beim Beten des Gayatri jedes Wort/die gesamte Wortfolge vollziehend sprechen bzw. denken. Wenn Störgefühle oder unerwünschte Gedanken auftauchen, halten Sie weiter Ihre Aufmerksamkeit auf die Gayatri-Formeln gerichtet und beten liebevoll, geduldig, mit weitem Herzen einfach weiter. Sie werden ein tiefes Aufatmen spüren und dann irgendwann die klare Wahrnehmung, dass das Gayatri Ihr Universum erfüllt.

Übung

Stellen Sie Ihren Minutenwecker auf ca. zehn Minuten und wiederholen Sie in dieser Zeit unentwegt die Gebetsformel des Gayatri-Mantras (wie beim Rosenkranz-Gebet). Danach halten Sie für etwa drei Minuten inne. Spüren Sie die Allverbundenheit mit der gesamten Schöpfung, in die auch Sie eingebettet sind!

Falls Ihnen diese Übung guttut, erwerben Sie eine Mala (indische Gebetskette, ähnlich dem Rosenkranz) mit 108 Perlen und praktizieren Sie das Gayatri-Gebet mit dieser Kette täglich 108 Mal bzw. ein Vielfaches davon. Natürlich können Sie das Gayatri auch singen, anstatt es zu sprechen.

Um die Wirkung des Gayatri zu verstärken, können Sie nach dem Gebet bzw. Gesang für einige Minuten die folgende Hand-Geste (»Mudra«) ausführen:

Upsanhaar-Mudra:

1. Halten Sie beide Hände in Schulterbreite auf Höhe der Ohren, die Handinnenflächen schauen nach vorn. Spreizen Sie alle Finger bis auf den mittleren und den Ringfinger, die aneinander gelegt sind. Halten Sie so Ihre Hände. Das Ganze fühlt sich ein wenig so an, als würden Sie Ihre Wahrnehmung auf Radar stellen.

2. Nun drehen Sie Ihre Handinnenflächen, sodass sie zu den Ohren zeigen und halten sie in der Position eine etwa gleich lange Zeit.
Variante: Werden Mittel- und Ringfinger nicht aneinander gelegt, spricht man vom Mahakarant-Mudra. Dieses fördert den Mut, die Aura und die Ausstrahlung.

Anwender behaupten: Das Beten oder Singen des Gayatri führt zur Verwirklichung des nicht-dualistischen, allumfassenden Bewusstseins, in welchem der Sucher sich selbst als nicht getrennt von der einen Kraft erkennt. Bereits nach wenigen Wochen der täglichen Anwendung ist die Allverbundenheit der Schöpfung spürbar. Das Gefühl der Geborgenheit in der Schöpfung wird gestärkt, die Illusion des Scheiterns löst sich in der Hingabe an die fürsorgliche Energie der großen Mutter auf.

Wer das Gayatri über Monate praktiziert, beginnt sein ganzes Leben aus der inneren Allverbundenheit heraus zu gestalten. Er wird Synchronizitäten, »glückliche Zufälle« und Einheitsbewusstsein erfahren. Seine Versager-Identität wird in den Hintergrund treten und er wird sich selbst in aller Fülle als Repräsentant der ursprünglichen, großen, weiblichen Gotteskraft erfahren.

Es mag jedoch im Leben eines Menschen immer wieder dunkle Stunden geben, in denen es ihm schwerfällt, die Schöpfung zu verehren, die ja so eine Fülle ist. Bei der Suche nach einem weiblichen Archetyp für das Ziel »Frieden und Erlösung finden in schwersten Situationen, auch im Scheitern« landeten wir bei einer weiteren Verkörperung der höchsten Göttin, um die es im folgenden Kapitel gehen soll.

Alle Wege, wenn sie nur gut sind,
führen zu Gott.
(Sathya Sai Baba, indischer Guru)

Das Gottesprinzip, das sich besonders um
Gescheiterte kümmert – Dhumavati

Christen finden in Jesus Christus den Tröster und Helfer für schwierige Situationen. Da er durch die Dunkelheit, den Tod, die Hölle gegangen ist, kann er das Leiden, Scheitern, den Misserfolg verstehen, Zuflucht und Halt spenden, dem Menschen ein Freund und Bruder sein. Für viele der zu Beginn des Buches beschriebenen Personen war Jesus Christus die Antwort auf ihr Sehnen nach einer Bewältigung des eigenen Scheiterns.

Es gibt allerdings Menschen, die, vielleicht belastet durch eine kirchlich-dogmatische Erziehung, wenig Bezug zu Jesus Christus haben. Sie können sich nicht mit der Glorie des auferstandenen Jesus identifizieren. Zu stark sind ihr Leiden, ihre Resignation, zu gering ihre Hoffnung, als dass sie nach diesem Retter greifen könnten. Auch der Lobgesang der Gayatri ist ihnen fremd.

Sie finden möglicherweise Trost und Zuflucht im hinduistischen Göttinnen-Archetyp, der speziell für die Gescheiterten existiert: In den religiösen Schriften Indiens wird eine Göttin Dhumavati (Sanskrit »die Rauchende«) beschrieben. Sie gilt als eine der zehn Verkörperungen der großen Muttergöttin, insbesondere als Gegenstück bzw. Schattenaspekt (Alakshmi) der Glücksgöttin Lakshmi.

Die Erscheinungsform von Dhumavati ist auf den ersten Blick alles andere als glückverheißend: Sie wird als arme, verwahrloste, ausgemergelte Witwe beschrieben. Der Legende nach ist sie alles, was von der sich ins Opferfeuer werfenden Geliebten des Gottes Shiva übrig geblieben ist – trauriger Rauch. Dhumavati verkörpert unbefriedigte Bedürfnisse und steht in enger Verbindung zu Unglück, Entbehrung, Hoffnungslosigkeit, Verzweiflung, Unreinheit, Demütigung, Niederlage, Verlust, Enttäuschung, Krankheit und Leid.

Wie ihr Platz unter den zehn Erscheinungsformen der großen Göttin ahnen lässt, finden sich hinter der negativen Form auch Segen und Zuflucht. Außen hart, wird sie innerlich als mitfühlend und weichherzig beschrieben. Dhumavati spendet das Wissen, das aus schmerzhaften Zeiten, aus Versagen, Scheitern, Misserfolg erwächst. Als eine Art göttliche Großmutter steht sie für die weise

Qualität, die aus dem Hintergrund des Seins wirkt und hinter allen Lebenserfahrungen verborgen ist. Sie weiht ihre Verehrer ein in die Welt hinter der Erscheinungsform, hinter dem Glanz.

Sie entspricht der höchsten Stufe der spirituellen Suche, in der sich der Mensch nicht mehr von oberflächlichem Genuss blenden lässt. Sie öffnet den Blick auf das, was noch existiert und trägt, wenn die eigene Welt in Schutt und Asche liegt. Sie bringt den Notleidenden in Kontakt mit der Auflösung allen Leidens jenseits der Schöpfung, der spirituellen Leere und der Qualität von Nicht-Handeln.

Dhumavati hilft, das Leid, die Enttäuschung, Misserfolg und Scheitern als Bestandteil des Lebens zu akzeptieren. Ein Weg, ihre Kraft zu rufen ist, eine unangenehme Situation als ihre Lehre anzusehen.

In der Phase spiritueller Dunkelheit, in welcher der Suchende keine Verbindung mit dem göttlichen Licht erlebt und mit seinen Fortschritten vergeblich ringt (vielleicht vergleichbar mit der dunklen Nacht der Seele im Sinn des Johannes vom Kreuz), kann Dhumavati ihn durch die Dunkelheit hindurchführen.

Dhumavatis hässliche Gestalt und ihre soziale Ausgrenzung lehren uns, über den oberflächlichen Blick nach innen zu schauen, ihn von aller Furcht zu befreien und die innere Wahrheit zu erkennen. Wer sich dieser Göttin zuwendet, dem soll sie, so heißt es, Unsterblichkeit und Erlösung bringen.

Interessanterweise überwiegen im modernen Hinduismus Dhumavatis angenehme Züge, sie wird dort als schön und sanft dargestellt. Möglicherweise ist dies die weiterentwickelte Erscheinungsform Dhumavatis, nachdem sie ihr eigenes Leiden durchschritten hat (vielleicht vergleichbar dem auferstandenen Jesus).

Für jemand, der es aufgegeben hat, seinen Erfolg doch noch zu »retten«, und nun eine weise Hilfe sucht, die ihn in der Dunkelheit begleitet, der findet in Dhumavati eine Erscheinungsform Gottes, die ihm hilft. Sie hilft, in innerem Frieden mit dem eigenen Schicksal zu leben und einen Lebensbezug aus anderen, hintergründigen Quellen zu generieren.

Übung

Mantra-Meditation mit Dhumavati:

Stellen Sie Ihren Minutenwecker auf eine Zeitspanne Ihrer Wahl. Entscheiden Sie sich dafür, allen Misserfolg, alles Elend und Leid Dhumavati zum Geschenk zu machen. Wählen Sie dafür das folgende Mantra zur Anrufung (Lautsprache): *»Dhum Dhum, Dhumavati, soha«.* Wiederholen Sie dieses immer wieder. Öffnen Sie Ihr Herz für das, was Sie loslassen und Dhumavati anbieten möchten.

Nach einer gewissen Zeit werden Sie spüren, dass grenzenloses Mitgefühl Sie durchströmt. Wenn Sie mit diesem Mantra einige Monate arbeiten, wachsen in Ihnen die Bereitschaft und die Fähigkeit, allen Menschen, die Ihnen begegnen, Gutes zu wünschen.

Dies führt uns zum erwachten Umgang mit seelischen Herausforderungen, dem wir uns im folgenden Kapitel aus einer anderen Tradition heraus annähern wollen – der buddhistischen.

Sie brauchen dich! Glaub mir, sie brauchen dich, die Menschen, die mit dir gehn, sie brauchen dein Gutsein und dein Verstehn, deinen blanken, geraden Sinn, der sich freimacht vom raschen Gericht und Treue hält ungeachtet der Welt. Sie brauchen die Reinheit in deiner Gestalt und deines Wortes Klarheit und das, was ihnen am meisten gebricht: Dein Wissen um das ewige Licht!

(Autor unbekannt)

Der Weg der liebenden Güte – Metta-Meditation

Manche Menschen, die Misserfolg erleben mussten, gehen mit sich selbst hart ins Gericht, können nachts nicht mehr schlafen, verurteilen sich selbst und können dem Leben keine Freude mehr abgewinnen. Selbstliebe – wie soll man sie aufbringen können, wenn man das Gefühl hat, rundum versagt zu haben?

Die Antwort ist: Gerade dann ist Selbstliebe besonders gefordert! Bevor wir näher auf die Selbstliebe eingehen, ist es wichtig, sich bewusst zu machen, was man darunter versteht.

Selbstliebe, wie wir sie verstehen, bedeutet nicht, dass man sich großartig findet. Selbstliebe ist auch kein tolles Gefühl, sondern eine ganz bestimmte Art und Weise, liebevoll mit sich selbst umzugehen, unabhängig davon, ob man gerade grandiose Erfolge einfährt oder kläglich scheitert.

Niemand hat uns jedoch beigebracht, wie wir an diese Selbstliebe kommen können. Zu sehr sind wir eingebunden in die Leistungsgesellschaft und ihre Anforderungen. Es gibt einen gangbaren Weg, diese Selbstliebe »nachzulernen« und für den Rest des Lebens zu behalten – dieser Weg ist der Weg der liebenden Güte.

Liebende Güte ist das, was am meisten hilft, Misserfolg, Versagen, Scheitern emotional und seelisch zu verarbeiten, insbesondere wenn man liebende Güte sich selbst gegenüber aufbringen kann. Wie aber gelingt liebende Güte gegenüber uns selbst? Der einfachste Weg liegt darin, liebende Güte für irgendein anderes Lebewesen (Mensch, Tier oder Pflanze) zu empfinden und dann in diese gefühlte Güte auch sich selbst einzubeziehen.

Der Buddhismus kennt seit Jahrtausenden die für uns effektivste Methode, liebende Güte wachzurufen – es handelt sich hierbei um die Metta-Segensmeditation bzw. das Metta-Gebet.

Das Wort »Metta« kommt aus dem Pali (mittelindische Sprache) und bedeutet »Freundschaft, liebende Güte, guter Wille zu Freundlichkeit, um das Glück anderer und seiner selbst zu fördern«. In einer Lehrrede des Buddha[67] wird Metta mit der freundlich-wohlwollenden Haltung einer Mutter zu ihrem Kind verglichen. (Im Sanskrit wird für diese Qualität das Synonym »Maitri« verwendet, im Englischen entspricht Metta am ehesten dem Begriff »loving kindness«.)

Buddha zufolge verfügt das wahre Selbst jedes Menschen über die grundlegende Qualität des Gutseins. Dieses Gutsein ist nichts Aufgesetztes, keine Moral, kein Dogma, sondern der natürliche Zustand, die Essenz eines jeden Menschen. Alles andere, alle Störgedanken, Störgefühle oder gar destruktiven Handlungen sind

---

67 Siehe das Metta-Sutta in der Sammlung Sutta Nipata

lediglich Überlagerungen bzw. Verblendungen dieses grundlegenden Gutseins, das sich im Innersten eines Menschen befindet.

> *Indem man sich um sich selbst kümmert,*
> *kümmert man sich um andere.*
> *Indem man sich um andere kümmert,*
> *kümmert man sich um sich selbst.*

Es gibt verschiedene Wege, Metta zu praktizieren. Hier ist ein erster Vorgeschmack:

Übung
Einstimmung auf liebende Güte
Schließen Sie die Augen und wiederholen Sie das Wort »Metta« mehrmals hintereinander. Werden Sie sich seiner Bedeutung bewusst: Wie fühlt es sich an, mit dieser Qualität in Kontakt zu sein? Haben Sie an dieser Stelle vielleicht schon die Ahnung, dass liebende Güte Ihr natürlicher Zustand und in der Lage ist, Sie mit der Tiefe des eigenen Herzens zu verbinden?

Meditation der liebenden Güte
Vielleicht möchten Sie an dieser Stelle die Augen schließen. Suchen Sie bewusst den geistigen Kontakt zu einem Wesen, dem Sie, ehrlichen Herzens, alles Gute wünschen möchten, unabhängig davon, ob es Ihnen selbst gerade gut oder schlecht geht. Bitten Sie Ihr Unbewusstes, so ein Wesen in Ihr Bewusstsein steigen zu lassen. Dies kann ein Hund sein, den Sie lieben, eine Pflanze, mit der Sie sich verbunden fühlen, ein naher Verwandter, ein Mensch, der Ihnen einmal etwas Gutes getan hat, ein Hilfsbedürftiger oder auch eine Person, die Sie im Fernsehen gesehen haben.

An welches Wesen denken Sie gerade? Stellen Sie sich dieses Wesen bildhaft vor, so als würde es gerade vor Ihnen stehen, und denken Sie mindestens dreimal intensiv (alternativ):

- »So wie dieses Wesen möchten alle Menschen, auch ich, glücklich sein!«

- »Wenn ich schon leide, dann mögen wenigstens andere, insbesondere dieses Wesen, frei sein von Leiden!«
- »Mögest du friedvoll, glücklich und gelöst sein« bzw. »Möge … (Name des Betreffenden) friedvoll, glücklich und gelöst sein.«

Vollziehen Sie diesen Gedanken auch emotional, indem Sie versuchen, das, was Sie sagen bzw. denken, auch aufrichtig zu fühlen. (Dies muss kein großes, ekstatisches Gefühl sein, ein kleines, aber ehrliches Gefühl reicht völlig aus.) Wie fühlt es sich an? Vielleicht öffnet sich Ihr Herz? Vielleicht spüren Sie, wie die bereits erwähnte liebende Güte von Ihnen zu diesem Wesen hinströmt, auch wenn es nur ganz wenig ist. (Die Buddhisten sagen in diesem Zusammenhang: »Metta kommt ins Fließen!«)

Bleiben Sie weiter bei Ihrem Wohlwollen für dieses Wesen. Halten Sie die Konzentration aufrecht und richten Sie Ihre liebende Güte nun auf weitere Lebewesen:

1. *Positiv besetztes Lebewesen:* Wenn Sie spüren, dass Sie selbst mit Metta (liebender Güte) erfüllt sind, richten Sie Metta auf ein weiteres Lebewesen, das Ihnen Gutes getan hat, für das Sie Dankbarkeit, Liebe und Wertschärzung empfinden, z. B. auf Ihre Eltern oder einen spirituellen Lehrer oder Religionsgründer, den Sie verehren. Beten Sie die eine der oben genannten Formeln mindestens dreimal, während Sie an diese Person denken.

2. *Neutral besetztes Lebewesen:* Wenn Sie spüren, dass Metta zu dieser »positiv besetzten« Person geflossen ist, richten Sie Metta nun auf ein Lebewesen, mit dem Sie weder Abneigung noch Zuneigung verbindet, das aber in Ihrem Umfeld ist, mit dem Sie irgendwie zu tun haben, auf jemand »Neutralen« (z. B. den Briefträger, die Katze des Nachbarn usw.). Dieser »Neutrale« steht für den Alltag schlechthin. Dieses Metta schützt vor Gleichgültigkeit gegenüber dem Leben, vor allem gegenüber dem Wohlergehen von Wesen, um die wir uns normalerweise nicht kümmern. Beten Sie z. B.: »Mögest du friedvoll, glücklich …«

3. *Negativ besetztes Lebewesen:* Wenn Sie spüren, dass Ihre liebende Güte auch die »Neutralen« erreicht hat, senden Sie Metta zu je-

mandem, gegen den Sie eher Abneigung, Blockierung, Widerstand, Urteil oder Bewertung verspüren, der Sie unsanft behandelt hat, vor dem Sie sich ekeln, gegen den Sie Vorbehalte haben. Versuchen Sie es auch hier mit der Gebetsformel, z. B. »Mögest du friedvoll ...« und spüren Sie, ob Ihre liebende Güte auch zu dieser Person hinfließt. Durch dieses Metta transformieren Sie die negativ besetzten Energien in Ihnen.

Falls es für Sie stimmt bzw. aufrichtig möglich ist, verwenden Sie hier den Zusatz: »Ich empfinde keine Feindschaft gegen diese Person/... (Name der Person), möge auch er/sie keine Feindschaft gegen mich empfinden.« (Diese Zusatzformel schützt Sie vor Ablehnung und Hass.)

4. *Sich selbst einbeziehen:* Nun richten Sie die Metta-Gebetsformal auf sich selbst, z. B.: »Möge ich friedvoll ...«. Und auch hier versuchen Sie zu fühlen, was Sie denken. Sie können an dieser Stelle auch von sich in der 1., 2. oder 3. Person sprechen, z. B. »... (Name), mögest du friedlich ...« bzw. »Möge ... (Name) friedlich ...«.

5. *Eventuell ergänzend – der Metta-Kreis:* Rufen Sie sich die positiv bedachten Personen (inklusive Sie selbst) bildhaft vor Augen. Stellen Sie sich vor, im Kreis zusammenzusitzen. Vergegenwärtigen Sie sich, dass sie alle den Wunsch haben, glücklich zu sein – was alle im Kreis miteinander verbindet. Tränken Sie Ihren Atem mit liebevoller Güte und spüren Sie die Verbundenheit untereinander und mit der ganzen Welt.

Danach spüren Sie hin, wie es Ihnen nun geht. Kosten Sie das Gefühl aus, das Sie erzeugt haben, baden Sie darin.

Anmerkung: Bei dieser Übung haben Sie/wir den Wunsch um das eigene Wohlergehen an die letzte Stelle gereiht. Die Idee dabei ist, dass Sie sich das Wohlwollen quasi von anderen »borgen« und dann auf sich selbst übertragen. In vielen buddhistischen Traditionen ist es üblich, dass man zuerst das Wohlwollen sich selbst gegenüber praktiziert und danach erst zu den anderen Lebewesen (siehe Meditation der liebenden Güte, Punkt 1–4) übergeht. Am besten probieren Sie selbst aus, welche Reihenfolge Ihnen am meisten guttut.

Alternative Gebetsformeln der liebenden Güte
- Mögest du/ich glücklich sein und die Quelle des Glücks erfahren! Mögest du frei sein von Leiden und der Wurzel des Leidens!
- Mögest du/ich fähig sein, die Quellen von Ärger, Täuschung und Verlangen in dir/mir festzustellen und zu lösen.
- Mögest du/ich fähig sein, dich/mich selbst mit den Augen des Verstehens und der Liebe zu betrachten.
- Mögest du/ich friedvoll, glücklich und gelöst sein in Körper und Geist ... frei sein von Verletzung und Kränkung ... frei sein von Wut, Verstrickung, Furcht und Ängstlichkeit ... fähig sein, die Samen der Freude und des Glücks in mir zu erkennen und zu berühren ... lernen, die Quellen von Ärger, Verlangen und Täuschung in mir festzustellen ... erfahren, wie ich die Samen der Freude täglich in mir nähren kann ... fähig sein, frisch, gefestigt und frei zu leben ... frei sein von Anhaftung und Ablehnung, aber nicht gleichgültig.
- Mögest du dich/ich mich lieben wie du bist/ich bin, wahrhaft glücklich sein, Frieden finden in dieser unsicheren Welt, das Glück und die Ursachen des Glücks kennen, in Frieden leben ohne festzuhalten oder abzulehnen, frei von Leid sein, frei von körperlichen Gebrechen, in der Lage sein, mit Leichtigkeit für sich zu sorgen, lieben und geliebt werden, glücklich und zufrieden sein. (Variante nach Germer).[68]
- Sicher: Bei Gefahr ...
- Ruhe: Wenn emotional aufgewühlt ...
- Gesundheit: Wenn krank ...
- Gelöst: Wenn Probleme ...

Wird der gewünschte Satz zu sperrig, dann das einzelne Wort wiederholen, z. B. glücklich, glücklich, glücklich ...

---

68 Christopher Germer, Der achtsame Weg zur Selbstliebe. Wie man sich von destruktiven Gedanken und Gefühlen befreit, Arbor Verlag, 2011

Tipps, um tiefer in die Energie der liebenden Güte zu gelangen:
- Die Sätze aus ganzem Herzen denken oder sprechen (Sinnbild: wie ein Schauspieler auf der Bühne)!
- Denken oder sprechen Sie die Gebetsformel langsam, sinnbildlich »weich und sanft wie Kerzenlicht«, also in einer Tonlage, die Ihre Absicht widerspiegelt. Lassen Sie jedes Wort einzeln nachklingen.
- Versuchen Sie jeden Satz wirklich zu spüren und geistig zu vollziehen, d. h. dem Satz in seiner Bedeutung nachspüren, gegebenenfalls jedes einzelne Wort mehrmals wiederholen, um es zu erfassen: »glücklich, glücklich, …«.
- Wenn eine Metta-Formel für Sie nicht funktioniert, probieren Sie eine andere.
  Bei Schmerz(en): Nicht krampfhaft versuchen, Schmerz mit Metta zum Verschwinden bringen zu wollen, sondern »weich arbeiten«, den Schmerz von innen wahrnehmen und sich ihm öffnen. Sobald Sie bereit sind, zu fühlen, »was ist«, mit der eigentlichen Metta-Meditation starten.

Tipps gegen Ablenkung und Zerstreuung:
- Dreimal langsam und leicht durch das Herz ein- und ausatmen.
- Die Wahrnehmung auf die Umgebungsgeräusche richten (dadurch ins Hier und Jetzt kommen).
- Sich selbst von außen sehen, wie man auf dem Stuhl oder Bett sitzt (dadurch Loslösung vom Alltags-Ich).
- Sich in optimaler Körperhaltung visualisieren. Dabei den eigenen Körper spüren.
- Die Aufmerksamkeit in den Körper lenken, die Empfindungen wahrnehmen.
- Wertfrei den eigenen Atem beobachten/spüren.
- Es stärkt die Konzentration, wenn Sie immer wieder er- und bekennen: Genau wie ich möchte der andere Mensch, dem ich Metta sende, glücklich und frei von Leiden sein. Erinnern Sie sich bewusst daran, dass alle Lebewesen in Frieden leben und glücklich sein wollen, und spüren Sie die Wärme dieses Wunsches.

- Oftmals hilft es, gedanklich den Herzschlag des Menschen, mit dem Sie Metta machen, zu spüren.

Innere Widerstände gegen liebende Güte

Wenn Sie sich dafür entscheiden, Metta, die liebende Güte, zu praktizieren, kann es sein, dass dabei Widerstände auftreten. Unlustgefühle, Ärger, Wut, Missgunst oder schlichtweg ablenkende Gedanken. Dies ist nichts Besorgniserregendes, sondern Bestandteil der Praxis. Manchmal fließt Metta leicht und manchmal fühlt es sich an, als würde man kaltes Wasser in eine Pfanne heißes Öl kippen – es zischt und spritzt nur, aber es fließt nichts.

Tipps:
- Wenn Metta einmal nicht fließt, dann gehen Sie liebevoll damit um – bereits der liebevolle Umgang ist Metta gegenüber sich selbst.
- Setzen Sie sich trotzdem hin und wiederholen Sie die Formeln. Selbst wenn diese anfangs mechanisch klingen, werden Sie nach einigen Minuten in Ihr Gefühl eintröpfeln können.
- Nehmen Sie Störgefühle und eventuelle Widerstände gegen Metta einfach wertfrei wahr, ohne gegen sie anzukämpfen. Gegebenenfalls benennen Sie sie, z. B. »Gedanke«, »Störgefühl« oder »Widerstand«, und machen einfach weiter.

Fußsohlen-Meditation zur Auflösung von Widerständen gegen Metta:
• Stellen oder setzen Sie sich so hin, dass die Fußsohlen flach auf dem Boden aufliegen.
• Atmen Sie normal.
• Fühlen Sie, wie es Ihnen geht und benennen Sie es, z. B. wütend, irritiert, ängstlich.
• Richten Sie Ihre Aufmerksamkeit auf Ihre Fußsohlen und warten Sie, bis Sie innerlich ruhiger werden.
• Starten Sie nun Ihre Metta-Meditation …

Zielgruppen für liebende Güte
- alle Lebewesen
- alle Wesen, die Ihnen beim Spaziergehen/im Wartezimmer, Supermarkt, Flugzeug, Bus, Bahn begegnen
- alle Wesen im Norden, Nordosten, Osten, … oben, unten usw.
- alle Männer und/oder alle Frauen
- alle Erleuchteten und/oder alle, die in Unwissenheit leben
- alle, die Sie kennen und/oder alle, die Sie nicht kennen
- alle Armen/alle Reichen
- alle Schönen/alle Hässlichen
- alle Alten/alle Jungen
- alle Versager/alle Naturtalente
- alle Gescheiterten/alle Sieger
- alle Erfolglosen/alle Erfolgreichen
- für eine schwierige Seite in Ihnen bzw. einem anderen Menschen, z. B. besonders für die innerlich Erfolglosen, Versager, Gescheiterten.

Wenn Sie Metta auf einen bestimmten Aspekt in Ihnen/einem anderen richten, dann ist es wichtig, diesen Aspekt nicht zu verurteilen. Es geht auch nicht darum, sich oder den anderen Menschen zu ändern.

Bei Schwierigkeiten mit einer ganz bestimmten Zielgruppe:
- Wenn es Ihnen schwerfallen sollte, einem negativ besetzten Menschen Metta zu senden, denken Sie an die bestmögliche Situation, z. B. einen Augenblick der Verbundenheit oder der Begegnung mit diesem Menschen.
- Wenn Metta mit einem schwierigen Menschen gar nicht fließt, versuchen Sie es stattdessen mit einem anderen Menschen aus einer leichteren Kategorie.
- Wenn es Ihnen schwerfällt, sich selbst Metta zu geben, denken Sie darüber nach, wer in Ihrem Umfeld davon profitieren würde, wenn Sie glücklich und frei von Leiden sind.

Vorbereitendes Metta-Unterstützungs-Mantra:

Es gibt ein sehr hilfreiches Mantra, das die Praxis der liebenden Güte unterstützt: *Om maitri maha maitri maitreye soha* ((Lautsprache). Es bedeutet sinngemäß: Ich verneige mich vor dem vollkommen erleuchteten Buddha-Zustand, der unermessliche Freundlichkeit und liebende Güte schenkt.

Wenn Sie dieses Mantra/diese Anrufung vor Beginn Ihrer Metta-Praxis einige Minuten (z. B. 27 Mal) wiederholen, werden Sie erleben, dass Ihre Metta-Meditation dadurch deutlich an Gefühlstiefe, Verbundenheit und Klarheit gewinnt.

Vorteile und Nutzen der liebende-Güte-Meditation

In der Regel fühlen Sie sich nach einer Metta-Meditation deutlich besser, obwohl Sie doch für sich selbst gar nichts getan haben. Woher kommt dies? Durch Ihr selbstloses Wohlwollen ist es Ihnen gelungen, Ihr bewertendes kleinliches Ich, das in Störgedanken und -gefühlen gefangen ist, zu übersteigen und sich mit der liebenden Güte (Gottes) zu verbinden. Diese ist in Ihrer Essenz und im ganzen Universum vorhanden, ja durchweht dieses.

Indem Sie Metta praktizieren, geschieht eine interessante Veränderung im Bewusstsein: Statt gedanklich um das eigene Leiden, den eigenen Misserfolg zu kreisen, beschäftigen Sie Ihr Bewusstsein nun mit Ihrem Wohlwollen für dieses Wesen.

Forschungen belegen, dass selbst eine kurze Metta-Meditation zu einem Gefühl größerer sozialer Verbundenheit mit unbekannten Personen sowie zu einer positiveren Einstellung gegenüber diesen führt.[69] Das regelmäßige Praktizieren von Metta geht erfahrungsgemäß mit einer Zunahme positiver Emotionen, Beziehungen, von Achtsamkeit, Sinnerleben, Lebenszufriedenheit und einer Reduktion körperlicher Beschwerden und depressiver Symptome einher.[70] Bei Menschen, die unter einer geistigen

---

69 Cendri A. Hutcherson, Emma M. Seppala, James J. Gross: Loving-kindness meditation increases social connectedness. In: Emotion, Nr. 5, 2008, S. 720–724
70 Barbara L. Fredrickson, Michael A. Cohn, Kimberly A. Coffey, Jolynn Pek, Sandra M. Finkel: Open hearts build lives. Positive emotions, induced through loving-kindness meditation, build consequential personal resources. In: Journal of Personality and Social Psychology, 95, Nr. 5, 2008, S. 1045–1062

Krankheit leiden, kann Metta Störungen deutlich lindern und das Wohlbefinden steigern, wie Forschungsgruppen mit schizophrenen Patienten dokumentieren.[71]

Gerade für Menschen, die lernen (müssen), die Härte gegenüber sich selbst (und anderen) aufzugeben, ist Metta das ideale Mittel, um Mitgefühl, Verbundenheit und All-Liebe auch in schwierigen Situationen aufrechtzuerhalten und das Nährende zu erfahren, diesen unglaublichen Reichtum, der in dieser Verbundenheit liegt.

Mithilfe der Metta-Meditation wecken Sie die liebende Güte sich selbst gegenüber in einem bisher nie gekannten Ausmaß. Dies ermöglicht Ihnen mehr und mehr, liebevoll und entspannt mit Situationen umzugehen, in denen Sie glauben, Misserfolg gehabt zu haben oder gescheitert zu sein.

Das Wohlwollen, das Sie gegenüber sich und der Existenz aufbringen, bringt Sie in Verbindung mit der Allverbundenheit und innerhalb derer zu einer Fülle und Freiheit, die weit jenseits dessen liegt, was Ihnen die materielle Welt bisher bieten konnte. Sie werden zu einem Segen für sich und die Welt, die Sie umgibt.

Unser Tipp:
Wann immer Ihnen etwas Unliebsames geschieht, denken Sie: »Wenn ich das schon erleben muss, mögen alle anderen Menschen auf der Welt davon verschont bleiben!« Stellen Sie Ihren Minutenwecker auf einige Minuten bzw. nehmen Sie Ihre Mala (Gebetskette) zur Hand und praktizieren Sie Metta, d. h. die Liebende-Güte-Meditation.

Indem Sie Metta praktizieren, erleben Sie nach einiger Zeit, dass die Güte Ihres Herzens so gewaltig ist, dass sie die ganze Welt umfasst, ja mehr noch: Dass Ihr Herz in der Lage ist, alles Negative, das Ihnen oder in Ihrem Umfeld geschieht, zu transformieren, sprichwörtlich »Gift in Medizin umzuwandeln«. Und damit wären wir bereits beim nächsten Kapitel angelangt, wo wir eine verschärfte, aber noch wirksamere Variante der Transformationskraft des Herzens kennenlernen werden.

Tonglen – Atishas Weg
der augenblicklichen Transformation durch Annahme

Das Wort »Tonglen« stammt aus dem Tibetischen (gtong len = aussenden und aufnehmen). Es handelt sich um eine geistige Übung bzw. Meditation aus der tibetisch-buddhistischen Tradition des Lojong (tibetisch: Lo = Geisteshaltung, jong = reinigen, Lojong = Geistesschulung). Tonglen gilt als eine der weltweit am wirkungsvollsten meditativen Praktiken zur Bewältigung von Misserfolg, Versagen und Scheitern sowie zur Transformation des eigenen Bewusstseins. Erfahren wir nachfolgend, wie die Lehre von Tonglen entstanden ist.

Um die Wende des ersten Jahrtausends (980–1054 n. Chr.) lebte im Fernen Osten ein Mann namens Atisha Dipamkara Srijnana (Chandragarbha). Atisha war ein großer Gelehrter. Er hatte nahezu alle Schulen, Philosophien und Lehrsysteme seiner Zeit studiert. Es heißt, er habe über 150 Lehrer gehabt. Mit 32 Jahren war Atisha bereits ein großer Yogi, doch er spürte, dass ihm noch ein entscheidender Schritt für seine volle Verwirklichung fehlte. So reiste er (ca. 1012 n. Chr.) nach Suvaranadvipa auf der Insel Sumatra, wo sich ein bedeutendes spirituelles Zentrum befand.

Dort traf er seinen Lehrer Dharmakirti. Dieser vermittelte ihm, dass es das Mitgefühl sei, das seiner Verwirklichung noch fehlte. Er unterrichtete Atisha in einer Methode, die später unter dem Namen »Tonglen« weltberühmt wurde. Nach einem längeren Indienaufenthalt reiste Atisha nach Zentraltibet, wo er sein Wissen an die tibetischen Mönche weitergab. (Es würde den Rahmen dieses Buches sprengen, auf das ungemein ereignisreiche Leben des Atisha im Detail einzugehen; es gibt jedoch zahlreiche Quellen, in denen sein Lebenslauf nachzulesen ist.)[72]

---

72 Z. B. Geshe Sonam Rinchen, Atisha's Lamp for the Path to Enlightenment,
   Snow Lion Publications, Ithaca 1997, www.berzinarchives.com

Viele Jahrhunderte später: Als 1987, am Ende seines Lebens, der berühmte tibetische Buddhist Chögyam Trungpa gefragt wurde, welche Art von Meditation er praktiziere, antwortete er darauf: »Tonglen, Baby!«

Eine der Schülerinnen von Chögyam Trungpa Rinpoche war die buddhistische Nonne Pema Chödrön. Er ernannte sie 1986 zur Leiterin von Gampo Abbey, einem tibetisch-buddhistischen Zentrum in Kanada. Ihr Buch »Tonglen«[73] ging um die Welt. Mittlerweile gibt es auch zahlreiche Tonglen-Meditations-CDs mit der Originalstimme von Pema Chödrön.[74]

In Europa wurde Tonglen durch Yesche Udo Regel[75] und Veetman Masshöfer bekannt. Auch von Masshöfer gibt es eine angeleitete Tonglen-Meditation mit seiner Originalstimme, sogar in deutscher Sprache.[76]

Tonglen war auch zu Lebzeiten des spirituellen Lehrers Osho (1931–1990) eine der bevorzugten Meditationsmethoden – er gab sie unter dem Namen »Atisha's Heart Meditation« an seine Schüler weiter.

Was sind die Grundprinzipien der Tonglen-Praxis?

Das ganze Leben besteht aus Einatmen und Ausatmen. In der Tonglen-Praxis atmet man das Leiden und den Schmerz (z. B. über Misserfolg, Scheitern und Versagen) von sich und allen empfindenden Wesen ein, und atmet die Qualität, die gerade am dringendsten gebraucht wird, z. B. Frieden oder Mitgefühl, aus.

Tonglen ist in der Lage, sämtlichen Stress, der mit Versagen, Scheitern, Misserfolg zu tun hat, zu transformieren. Der Gedanke, der hinter dem Tonglen liegt, ist, dass das Mitgefühl aus dem Herzen in der Lage ist, jegliche negative Energie in etwas Positives zu verwandeln.

---

73 Pema Chödrön, Tonglen. Der tibetische Weg mit sich selbst und anderen Frieden zu schließen, Arbor Verlag, 2001
74 CD: Good Medicine: How to Turn Pain Into Compassion with Tonglen Meditation, 2 discs, www.soundstrue.com
75 www.paramita-projekt.de
76 Bestellung möglich unter www.paramita-projekt.de

Tonglen geht davon aus, dass wir, sobald wir Mitgefühl für uns selbst und alle anderen Wesen entwickeln, fähig sind, jede, aber auch wirklich jede Negativität zu etwas Positivem zu machen. Die liebevolle Selbstannahme, die wir durch Tonglen für uns und andere schaffen, wirkt als eine das Selbst-Bewusstsein transformierende Kraft.

Die Idee, alle negativen Emotionen, Schmerz, Leid, Scheitern, Misserfolg einzuatmen und Mitgefühl oder Frieden auszuatmen hilft, das »hautverkapselte Ich« (die Selbstsucht – als eigentliche Leidensursache) in etwas Größeres hinein loszulassen.

Die Praxis des Tonglen mag ungewöhnlich klingen, aber sie funktioniert: Wann immer Sie sich schlecht fühlen, die Wahrnehmung haben, gescheitert zu sein, nehmen Sie Ihre Empfindungen erst einmal bewusst wahr. Statt sich in intellektuelle Erörterungen zu flüchten, fühlen Sie genau, was Sie fühlen. Nehmen Sie wahr, wo die Emotion in Ihrem Körper sitzt und wie sie sich energetisch anfühlt. Dann atmen Sie die »negative« Emotion ein, lassen diese in Ihr »wahres Selbst«, Ihre innere Unendlichkeit fallen und atmen die positive Qualität, die gerade am dringendsten benötigt wird, aus.

Tonglen, Heilung vom Gefangensein im Ich, beginnt bei uns selbst, aber bleibt dort nicht stehen. Tonglen bietet vielmehr die Brücke vom Ich zur Allverbundenheit, zum Eins-Sein mit der ganzen Schöpfung und damit auch mit dem Schöpfer.

Alle Menschen auf dieser Welt möchten glücklich sein und wünschen sich, dass Leiden transformiert wird. Mit diesem Gedanken erweitern wir in die Tonglen-Praxis auf andere. Wenn wir Tonglen für andere machen, können wir zuerst an das eigene Umfeld denken. Später dehnen wir die Übung aus, sodass sie schließlich alle Wesen in allen Richtungen einschließt.

Es gibt heute zahlreiche Varianten der Tonglen-Praxis. Zwei davon sollen hier vorgestellt werden. Wir haben sie wegen ihrer besonders starken Effektivität und Praxisnähe ausgewählt:

- Atisha's Heart Meditation nach Osho
- Tonglen-Imagination nach Yesche Udo Regel[77]

---

77 Quelle: Yesche Udo Regel, Tonglen-Projekt, 2. Auflage 2012, www.paramita-projekt.de

Die Atisha's Heart Meditation nach Osho ist für diejenigen geeignet, die die Einheit allen Seins bereits fühlen und wahrnehmen können, die transformierende Kraft des Herzens kennen und möglicherweise bereits Erfahrungen von »spirituellem Erwachen« erlebt haben. (Wer sich noch unsicher ist, dem sei die an späterer Stelle näher erläuterte Tonglen-Imagination nach Yesche Udo Regel empfohlen.)

**Osho Heart Meditation (Atisha's Heart Tonglen) –
Vorbereitung (optional)**
Nehmen Sie ein Blatt Papier zur Hand und falten Sie es längs in der Mitte, sodass zwei Spalten entstehen.

* In die linke Spalte tragen Sie all die Dinge ein, die Sie momentan bedrücken, z. B. Misserfolge, Versagen, Scheitern, negative Gedanken, Schmerzen, Sorgen, Befürchtungen, Selbstzweifel usw. Es genügt, wenn Sie jeweils nur ein bis zwei Worte pro Zeile schreiben.
* In die rechte Spalte tragen Sie das Leiden anderer Wesen ein; dies können Menschen sein, denen Sie selbst Leid zugefügt haben, Dinge, oder die am Zustand von nahestehenden Menschen oder der Welt leiden.
* Nehmen Sie noch einmal die linke Spalte zur Hand und notieren Sie neben jedem Begriff das Gefühl, das dieses Thema in Ihnen auslöst.
* Verfahren Sie ebenso mit der rechten Spalte.
* Erinnern Sie sich an Ihr Herz, fühlen Sie die Kraft Ihres Herzens und denken Sie daran, dass diese Kraft in der Lage ist, all die negativen Dinge zu transformieren.

Osho Heart Meditation – eigentliche Durchführung
Für die Durchführung gibt es eine sehr einfühlsam bespielte Musik-CD, die extra für diese Meditation komponiert wurde. Sie ist sehr empfehlenswert und kann über das Internet bestellt werden.[78] Sie können die Übung natürlich auch ohne diese CD

78 www.meditationandmore.de, dort: Osho Heart Meditation

durchführen. Nachfolgend die Osho Heart Meditation, der Einfachheit halber nach unserem eigenen Verständnis und in der Ich-Form beschrieben.

1. Phase: Einstimmung (ca. 5 min.)
Diese Einstimmung dient dazu, in mir einen Zustand der Offenheit und Zentriertheit zu erzeugen, mit dem ich dann – trotz allem Unangenehmen – in die eigentliche Tonglen-Praxis gehen kann:

Ich nehme eine Sitzposition ein und beobachte meinen Atem – weder vorantreiben noch unterdrücken. Ich erinnere mich an einen Zustand der Weite, vielleicht eine schöne Erfahrung, in der ich mich mit der Existenz verbunden und in ihr geborgen gefühlt habe.

2. Phase: Tonglen (Mitgefühl) für sich selbst (ca. 15 min.)
Nun atme ich bewusst sanft, lang und tief ein und ebenso sanft, großzügig und vielleicht ein wenig verlangsamt aus.

(Anmerkung: *Der Atem dient bei Tonglen als Grundlage für das Nehmen und Geben bzw. Annehmen und Aussenden. Die tibetischen Texte sprechen davon, dass wir bei Tonglen auf dem »Atem reiten«, er ist wie eine Brücke zwischen dem Herzen und dem Problem. ... Dieses Atmen wird nun mit der Vorstellung verbunden, dass beim Einatmen das schwierige Thema, das Problem, der Schmerz näher an unser Herz herankommt. Wir atmen es geradezu ein, auch wenn es Eigenschaften wie dunkel, schwer oder bedrohlich haben sollte).*[79]

Um die Konzentration zu stärken, ist es hilfreich, wenn Sie mit jedem Atemzug das Thema, das Sie transformieren möchten, neu benennen. Sie können dafür die linke Spalte Ihrer Liste »abarbeiten«, besser noch, lassen Sie das Thema, das Sie mit dem jeweiligen Atemzug aufnehmen und transformieren möchten, intuitiv in Ihnen aufsteigen.

Wichtig: Wenn Sie sich mit Misserfolgen oder Krankheiten auseinandersetzen, atmen Sie nicht die Misserfolge oder Krankheiten selber ein, sondern den Schmerz, den diese in Ihnen auslösen, mit dem Wunsch, diesen Schmerz zu transformieren.

<hr>

79 Yesche Udo Regel, ebd., S. 12

Wenn Sie ausatmen, entscheiden Sie sich für eine einzige Qualität, die Sie permanent aussenden, also Mitgefühl, Frieden, Liebe – wechseln Sie diese Qualität nicht, es ist für die Konzentration besser, wenn Sie Ihr Herz auf diese eine Qualität einstimmen.

Sie können durch Gesten Ihre geistige Transformation unterstützen, z. B. indem Sie die Hände ausstrecken, beim Einatmen die Hände vor der Brust zusammenführen und beim Ausatmen die Hände wieder ausstrecken.

3. Phase: Tonglen (Mitgefühl) für andere (ca. 15 min.)

Nun atmen Sie die verschiedenen Aspekte ein, die in Ihrer Umwelt als leidvoll in Erscheinung treten. Dies kann das Leiden von Menschen sein, die durch Sie verletzt wurden, das kann aber auch das Leiden der Hühner sein, die in Legebatterien dahinvegetieren, das Leiden der Obdachlosen und Flüchtlinge oder auch der Erfolglosen und Versager.

Idealerweise beginnen Sie bei den Wesen, die am ehesten Ihr Mitgefühl wecken, gehen dann zu Nahestehenden in Ihrem Umfeld und dehnen Ihre Praxis schließlich auf globale Themen aus.

Nehmen Sie auch hier jeweils ein (anderes) Thema pro Atemzug, während Sie mit dem Ausatmen stets die gleiche positive Qualität, z. B. Mitgefühl, Frieden, aussenden.

Es wird Sequenzen geben, in denen Sie nahezu keine Gefühlsregung spüren. In diesem Fall versuchen Sie Ihr Herz noch ein wenig mehr zu öffnen oder wählen Sie einen anderen Aspekt/Menschen des Leidens, der Sie emotional stärker bewegt.

Es kann auch vorkommen, dass Sie von einem Aspekt überwältigt werden. In diesem Fall beobachten Sie Ihren Atem, ohne weitere Aspekte einzubringen. Erinnern Sie sich an Ihre eigene Mitte, Ihre wahre Natur und machen mit der eigentlichen Tonglen-Praxis erst dann weiter, wenn Sie Ihre innere Mitte wieder spüren können.

4. Phase – Stille, Ich-Gedanken loslassen (ca. 10 min.)

In den vorangegangenen Phasen haben Sie Ihren Geist weitgehend von Negativität gereinigt. Auch viele unbewusste Themen, die vielleicht gar nicht in der 2. und 3. Phase ins Bewusstsein kamen, sind gleich mit gereinigt worden. Der Staub, der Ihren Bewusstseins-Spiegel bedeckt hatte, wurde weggewaschen.

Nun ist der Boden dafür bereitet, die Ich-Verhaftung loszulassen. Legen Sie Ihre Hände aufs Wurzelzentrum (vorn, in Höhe des Steißbeins, unteres Ende der Wirbelsäule). Spüren Sie unter Ihre Hände hinein. Lassen Sie jeden Ich-Gedanken und damit auch jedes Gefühl los und gehen Sie in die »reine Wahrnehmung«. Wann immer Gedanken oder Gefühle auftauchen, erinnern Sie sich wieder daran, den Ich-Gedanken loszulassen.

Viele Menschen erleben in dieser vierten Phase eine tiefe Einheit mit dem ganzen Universum und einen inneren Frieden jenseits aller Worte.

Variante für Anfänger –
Tonglen-Imagination nach Yesche Udo Regel
Wenn jemand sich unsicher fühlt, ob das eigene Herz in der Lage ist, die gesamte eingeatmete Negativität umzuwandeln, kann er sich mit folgender Imagination nach Yeshe Udo Regel behelfen:[80]

Über meinem Kopf, etwa eine Ellenlänge entfernt, erscheint klar und deutlich ein leuchtendes Wesen, das den erwachten und mitfühlenden Geisteszustand verkörpert. Dies kann ein Buddha, ein Bodhisattva, ein weiblicher Aspekt wie die Tara, die Form eines verehrten Lehrers oder auch eine Ikone aus einer Weltreligion sein.

Er/sie hat einen Körper, von dem helles Licht (weiß oder regenbogenfarbig) ausgeht, und sitzt (oder steht) auf einem Lotus und einer Mondscheibe. Aus einem friedvoll lächelnden Gesicht schauen Augen mit Mitgefühl und tiefer Freundlichkeit auf mich und alle Lebewesen. Es ist auch möglich, einen leuchtenden Edelstein oder Diamanten zu visualisieren, falls man keinen Bezug zu einer religiösen Figur entwickeln kann. Dann bittet man dieses leuchtende Wesen darum, Inspiration (Segen) zu übertragen:

---

80 Nachfolgende sechs Absätze zitiert mit freundlicher Genehmigung des Autors,
   siehe: Tonglen-Projekt, Selbstverlag Yesche U. Regel, 2007

»Kostbare(r) ... , der/die Du Weisheit und Mitgefühl verkörperst, bitte gewähre Deinen Segen, damit in mir Bodhitschitta, die erwachende Geisteshaltung, voller Herzenswärme, Mitempfinden, Freude und Gleichmut, geboren werde« (mehrmals wiederholen).

Daraufhin verändert sich die Visualisation: Als Antwort auf diese Bitte löst sich das leuchtende Wesen über meinem Kopf in Licht auf. Dieses Licht kommt in meinen leeren Oberkörper und manifestiert sich wieder auf der Höhe meines Herzens in seiner Lichtgestalt. Der tibetische Text sagt dazu, dass es hier wie aus einer sich öffnenden Muschel erscheint und dann wie in einem Zelt aus Licht sitzt. Hier bleibt es während der Tonglen-Praxis, auch wenn wir in der Meditation nicht mehr ständig daran denken.

Sie können jederzeit auf diese innere Visualisation zurückgreifen und sich vorstellen, dass alle Negativität, Schwierigkeiten, Krankheiten und Leiden, die Sie während der Tonglen-Praxis bei uns und anderen wahrnehmen und deren Bedeutung Sie mit dem Einatmen annehmen üben, durch die Präsenz des leuchtenden Wesens aufgenommen werden können. So können Sie die Vorstellung oder Wirkung vermeiden, dass sich irgendeine Negativität oder schlechte Energie in Ihnen anstaut.

Zudem erleichtert diese Visualisation die Vorstellung, dass aus einem leuchtenden Herzen Helligkeit, Freundlichkeit und alle guten Wünsche hervorströmen, die wir mit dem Ausatmen zu unserem eigenen und dem Wohl anderer verbreiten wollen. Diese Visualisation beschützt somit unseren Geist vor Angst ...

Eine besondere Kraft bekommt Tonglen im Alltag, wo es unmittelbar angewendet werden kann. Hierzu ein praktisches Beispiel:

Sie sind auf einer Party, in einer Besprechung oder bei einer wichtigen Versammlung. Dort sind zahlreiche erfolgreiche Geschäftsleute. Sie fühlen sich einsam und minderwertig, weil Sie über weitaus weniger Geld verfügen als die anderen und auch nicht so große

Erfolge vorweisen können. Vielleicht ist sogar bei Ihnen gerade ein Projekt schiefgelaufen.

Statt krampfhaft zu versuchen, die Contenance zu wahren, gehen Sie nun an einen Platz, wo Sie für einige Minuten ungestört sind. Gestehen Sie sich Ihre Gefühle ein. Vielleicht gelingt es Ihnen sogar, Folgendes zu denken: »Andere fühlen das auch. Da ich sowieso leide, möge ich dieses Gefühl voll annehmen, sodass andere davon frei sein können« oder »Wenn ich schon nicht erfolgreich bin, mögen all diese Menschen erfolgreich sein«. Atmen Sie nun all die Selbstzweifel, Minderwertigkeitsgefühle, Versagensängste, die in Ihnen gerade aktiviert sind, ein – und atmen Sie Verbundenheit aus.

Als zweiten Schritt denken Sie: »So wie ich möchten alle diese Menschen glücklich sein!« Atmen Sie all das Leiden, das hinter der Fassade dieser Menschen verborgen liegt, ein – und atmen Sie wiederum Verbundenheit aus. Abschließend spüren Sie Ihre innere Mitte und wünschen gedanklich sich und allen Beteiligten alles Gute.

Wenn Sie in dieser Praxis geübt sind, können Sie Tonglen auch mitten im Gespräch anwenden. Meist genügt oft ein einziger Atemzug, um das Klima Ihrer Begegnung(en) von einer Sekunde auf die andere positiv zu wandeln. Tonglen funktioniert übrigens nur aus einer lauteren Absicht und echtem Mitgefühl heraus, nicht um sich Vorteile zu verschaffen, z. B. mittels Opferhaltung.

Wenn Sie Tonglen aufrichtig praktizieren, werden Sie erleben, dass ein Wunder geschieht: Sie werden sich den anderen Menschen auf eine positive Weise öffnen können, sich ebenbürtig und wertgeschätzt fühlen und an sich die Fähigkeit entdecken, Begegnungen und Gespräche jederzeit ins Positive wandeln zu können.

Wenn Sie einmal den Ort in sich entdeckt haben, aus dem heraus Sie in der Lage sind, alle negativen Gedanken und Gefühle zum Segen der Schöpfung zu verwandeln, sind Sie auf dem besten Weg, ein bewusstes Instrument der Schöpfung, ein Mitwirkender am großen Werk der Schöpfung zu werden.

Misserfolg, Scheitern und Versagen haben ihren Sinn erfüllt, man kann sie hinter sich lassen.

> *Herr, mach mich zu einem Werkzeug Deines Friedens,*
> *dass ich liebe, wo man hasst,*
> *dass ich verzeihe, wo man beleidigt,*
> *dass ich verbinde, wo Streit ist,*
> *dass ich die Wahrheit sage, wo Irrtum ist,*
> *dass ich Glauben bringe, wo Zweifel droht,*
> *dass ich Hoffnung wecke, wo Verzweiflung quält,*
> *dass ich Licht entzünde, wo Finsternis regiert,*
> *dass ich Freude bringe, wo der Kummer wohnt.*
>
> *Herr, lass mich trachten,*
> *nicht, dass ich getröstet werde, sondern dass ich tröste,*
> *nicht, dass ich verstanden werde, sondern dass ich verstehe,*
> *nicht, dass ich geliebt werde, sondern dass ich liebe.*
> *Denn wer sich hingibt, der empfängt,*
> *wer sich selbst vergisst, der findet,*
> *wer verzeiht, dem wird verziehen,*
> *und wer stirbt, der erwacht zum ewigen Leben.*
>
> (Franz von Assisi)

Menschsein als Simile Gottes

Die meisten Menschen glauben an eine universelle schöpferische Kraft, ein höchstes Prinzip und bezeichnen diese, je nach Konfession als »die eine Kraft«, »Gott«, »Kraft der Natur«, »Tao« oder »Urgrund des Seins«. In einigen religiösen Schriften finden wir den Ausdruck »Gott schuf den Menschen nach seinem Ebenbild«. Doch könnte es nicht auch umgekehrt sein? Der Mensch erschuf Gott nach seinem eigenen (höchsten) Ebenbild – zumindest seine Vorstellung von ihm!

Machen wir uns an dieser Stelle bewusst, dass alle religiösen Schriften, die wir vorfinden, von Menschen niedergeschrieben, also in die Form gebracht wurden. Vielleicht ist die Erfindung eines Gottes das Intelligenteste, zu dessen der Mensch fähig war?

Stets erfand der Mensch den Gott, der seinem Bewusstseinszustand entsprach. So erklärt sich, dass in Zeiten und an Orten, an denen noch kein mitfühlendes und global denkendes menschliches Bewusstsein existierte, Gott als strafend, übermächtig und bewertend erlebt wurde. Entsprechend drakonisch waren auch die »Strafen Gottes« bei Verfehlungen, Versagen, Misserfolg. Auch heute noch hat jede Kultur, ja jeder Mensch einen etwas anderen Gott bzw. ein etwas anderes Gottesbild, das seinem Bewusstsein entspricht.

Wir sind überzeugt davon, dass es so ein höchstes, oberstes Prinzip tatsächlich gibt. Genauso überzeugt sind wir jedoch davon, dass der menschliche Verstand nicht in der Lage ist, das Wirken dieses Prinzips auf dem Weg der reinen Logik zu erfassen. Dies erklärt, wie es dazu kommt, dass Menschen sich in Vorstellungen verirren und »im Namen Gottes« sogar Gräueltaten verüben.

In den seltenen Fällen, in denen eine religiöse Erfahrung gemacht werden konnte, erwies sich die Sprache als unzureichend, um diese zu beschreiben. Stets musste die »Gotteserfahrung« das menschliche Denkinstrument passieren, um in Sprache und innere Bilder übersetzt werden zu können. Manchmal fügten die Mystiker ihren religiösen Erfahrungen auch persönliche Bewertungen und Lebensregeln hinzu, sodass die Nachwelt nicht mehr unterscheiden konnte, was Gotteserfahrung und was persönliche Meinung des Mystikers war.

Seit Jahrtausenden fragen sich die Menschen, wie ein guter und vollkommener Gott so viel Ungerechtigkeit, Leiden, Misserfolg und Scheitern auf der Welt zulassen kann.

Wir möchten Ihnen gegen Ende dieses Buches eine Antwort – ein Menschen- und ein Gottesbild – mitgeben. Die Verknüpfung dieser beiden Bilder wird Sie vielleicht überraschen. Wir können nicht beweisen, dass es richtig ist – niemand wird aber beweisen können, dass es falsch ist. Aber vielleicht ist es hilfreich, gerade in schwierigen Zeiten. Und es gibt wissenschaftliche Untersuchungen[81]:

Mitte der 1990er-Jahre beobachteten Vladimir Poponin und Peter Gariaev an der Russischen Wirtschaftsakademie, dass die menschliche DNA unter Laborbedingungen den kleinsten Stoff, aus dem die Atome bestehen, die Lichtteilchen (Photonen) direkt beeinflusst. In dieser Versuchsreihe entfernten sie aus einer Röhre alle Luft, um ein Vakuum zu erzeugen. Inzwischen weiß man, dass in jedem anscheinend noch so leeren Raum Photonen verbleiben, die man mit speziellen Instrumenten messen kann. In Poponins Versuch verteilten sich die Photonen im Vakuum der Röhre in ziemlich ungeordneter Weise. Im nächsten Schritt gab man eine Probe menschlicher DNA in die Röhre. Und nun geschah etwas vollkommen Überraschendes: Die Teilchen ordneten sich in Anwesenheit der DNA anders an. Die DNA hatte einen direkten Einfluss auf die Photonen. Sie formte, wie durch eine unsichtbare Kraft, die Photonen in der Röhre zu regelmäßigen Mustern.

Die Erde ist wichtig für den Menschen und der Mensch ist wichtig für die Erde: Denn, wie der obige Versuch zeigt, hat die menschliche DNA, in der die gesamte menschliche Evolution gespeichert

---

81 Ausführlich dargelegt in: Gregg Braden, In Einklang mit der göttlichen Matrix, DVD, 2009, Koha Verlag, und im Interview von Thomas Schmelzer mit Gregg Braden, Koha-Verlag, veröffentlicht u. a. auf http://www.extremnews.com/berichte/wissenschaft/9ec612ed7a167b3

ist, einen ordnenden und ausrichtenden Einfluss auf das gesamte Wirkungsfeld der Existenz, sogar auf das relative Vakuum. Man könnte sagen: Das Universum ist nicht mehr ungeordnet und leer, seit der Mensch begonnen hat, es zu erforschen und über die DNA seine Entwicklung an die nächsten Generationen weiterzugeben.

Aber weshalb ist der Mensch auch wichtig für Gott? Nur weil er Gottes Geschöpf ist? Wir möchten Ihnen auch auf diese Frage eine – ungewöhnliche – Antwort geben, die Sie vielleicht ebenfalls verblüffen und hoffentlich auch berühren wird:

Eine jüdische Legende erzählt, dass Gott unter den Grausamkeiten, Misserfolgen und dem Leiden der Menschen leide, weil er all dies ja durch den Menschen erlebt, und dass er einen Tränenbecher habe, in dem all seine Tränen versammelt sind. – Jedes Mal, wenn der Becher vollgeweint sei, käme der Messias auf Erden und würde die Menschheit retten. So ein Messias können auch Sie selber sein und sind Sie vielleicht sogar schon – wir möchten Ihnen auch verraten, wieso:

Vielleicht ist Gott, zumindest in seiner Ausdrucksform, gar nicht lediglich »gut und vollkommen«, sondern weitaus mehr. Vielleicht ist er alles, was existiert. So heißt es in einigen Weisheitsbüchern auch nicht: »Gott schuf die Welt«, sondern: »Gott wurde die Welt«!

Das würde bedeuten (welch ein ketzerischer Gedanke), dass alle Misserfolge, alle Krankheiten die Misserfolge, die Krankheiten Gottes sind. Und dass jedes Mal, wenn es einem Menschen gelingt, einen Misserfolg, eine Krankheit, ein Leiden in sich zu heilen, Gott dadurch ein Stück heiler wird.

In der Homöopathie wird mit Simile ein Arzneistoff bezeichnet, der dem Erkrankungsbild des Patienten ähnlich ist. Nach dem homöopathischen Prinzip »Similia similibus curentur« (Ähnliches kann durch Ähnliches geheilt werden) kann die Krankheit beim Patienten durch das richtige Simile »ausgenullt«, d. h. erkannt und neutralisiert werden.

Wir möchten Ihnen dazu folgenden Gedanken mit auf den Weg geben:

Es könnte sein, dass der Mensch das Simile Gottes ist und dass mit allem, was jeder einzelne Mensch durchlebt, Gott – in seiner Manifestation – ein Stück heiler wird. Die im homöopathischen Prozess übliche Verschüttelung (Dilution), Verreibung (Trituration) und Potenzierung hätte in diesem Fall eine gewisse Parallele zum Prozess der Inkarnation und Exkarnation des Menschen.

Möglicherweise ist der Lebensweg, den Sie durchlaufen, mit allen Höhen und Tiefen, Erfolgen und Misserfolgen, Gelingen und Scheitern der Weg Gottes, der durch Sie lebt und durch Sie genest. Möglicherweise ist genau dieses Durchlaufen des Erdenlebens, der Erfahrungsschatz, den Sie daraus mitbringen, das Geschenk, das Sie Gott heimbringen, ob Sie sich dessen gewahr sind oder nicht. – Bis Sie sich eines Tages in vollkommener Einheit mit dem Göttlichen aus einer Ebene heraus leben, die sich jenseits von Erfolg und Scheitern befindet.

Diesen Weg, diese Bestimmung können Sie weder verpassen noch nicht verpassen.

Die Schöpfung wäre ärmer ohne Sie! Egal, ob Sie scheitern oder erfolgreich sind – leben Sie sich, lieben Sie sich!

Ihr Auftrag, weswegen Sie hergekommen sind auf diesen Planeten, wird dadurch erfüllt, dass Sie die Schöpfung durch Ihr Sein, so wie Sie sind, einbringen und die Schöpfung durch Ihr Dasein bereichern. Schön, dass Sie da sind! Schön, dass es Sie gibt!

Literaturliste
(alphabetisch gereiht nach Buchtiteln)

- Achtsames Selbstmitgefühl. Wie man sich von destruktiven Gedanken und Gefühlen befreit. Von: Christopher Germer, Kristin Neff, Britta Hölzel, Audio-CD, Arbor Verlag, 2012
- Das Donald-Duck-Prinzip: Scheitern als Chance für ein neues Leben. Von: Irmtraud Tarr, Gütersloher Verlagshaus, 2006
- Der achtsame Weg zur Selbstliebe. Wie man sich von destruktiven Gedanken und Gefühlen befreit. Von: Christopher Germer, Taschenbuch, Arbor Verlag, 2011
- Der innere Freund. Sich selbst lieben lernen. Von: Thomas Hohensee, DTV, 2011
- Die Alchemie der Wandlung. Von: Lee Lozowick, Regina Sara Ryan, Advaita Media Verlag, 2010
- Die Aufwärtsspirale. Wie man mit Erfolg Niederlagen meistert. Von: Gerhard Scheucher, Christine Steindorfer, Leykam Verlag, 2014
- Die heilende Kraft des Scheiterns. Ein Weg zu Wachstum, Aufbruch und Erneuerung. Von: Claus Eurich, Verlag Via Nova, 2014
- Die Kraft des Scheiterns. Von: Gerhard Scheucher, Christine Steindorfer, Leykam Verlag, 2008
- Die Kunst der Selbstliebe. Der Weg zu einer wunderbaren Freundschaft mit dir selbst. Von: Frank M. Lobsiger, Integral Verlag, 2014
- Die Kunst des Scheiterns. Tausend unmögliche Wege, das Glück zu finden. Von: Konstantin Wecker, Piper Verlag, 2009
- Die Kunst des stilvollen Verarmens. Wie man ohne Geld reich wird. Von: Alexander von Schönburg, rororo Taschenbuch, 2006
- Die Kunst, sich wertzuschätzen. Angst und Depression überwinden. Selbstsicherheit gewinnen. Von: Heinz-Peter Röhr, Patmos Verlag, 2013
- Die Logik des Misslingens. Strategisches Denken in komplexen

Situationen. Von: Dietrich Dörner, Rowohlt Taschenbuch, 2003

- Fenster zum Herzen oder Die heilende Kraft innerer Krisen. Von: Robert M. Alter, Jane Alter, Klotz Verlag, Magdeburg, 2004
- Große Verlierer. Von Goliath bis Gorbatschow. Von: Wolf Schneider, Rowohlt Taschenbuch, 2006
- Im Zickzack zum Erfolg. Die Kunst der zweiten Karriere. Von: Ulrike Ley, Regina Michalik, Redline Verlag, 2007
- Krankheit als Selbstheilung. Wie körperliche Krankheiten ein Versuch zur seelischen Heilung sein können. Von: Dieter Beck, Suhrkamp Verlag, 1985
- Kreativität und Scheitern. Von: Anne-Marie Schlösser, Alf Gerlach, Psychosozial-Verlag, 2001
- Lernen aus Fehlern. Wie man aus Schaden klug wird. Von: Elke M. Schüttelkopf, Haufe-Lexware Verlag, 2015
- Lust auf Kehrseiten. Systemischer Umgang mit Versagen, Misserfolg und Leid. Von: Reinhold Bartl, Audio-CD, Auditorium Netzwerk, 2010
- Meditieren. Freundschaft schließen mit sich selbst. Von: Pema Chödrön, Kösel Verlag, 2013
- Metta-Meditation. Die heilende Kraft liebender Güte und Wertschätzung. Von: Remo Rittiner, Audio-CD, Windpferd Verlag, 2014
- Mitfühlend leben. Mit Selbst-Mitgefühl und Achtsamkeit die seelische Gesundheit stärken. Mindfulness-Based Compassionate Living – MBCL. Von: Erik van den Brink, Frits Koster, Kösel Verlag, 2013
- Reich kann jeder. Unser Millionen-Abenteuer. Von: Anne Nürnberger, Jan Rentzow, Piper Taschenbuch, 2011
- Scheitern und Biographie. Die andere Seite moderner Lebensgeschichten. Von: Stefan Zahlmann, Sylka Scholz (Hrsg.), Psychosozial-Verlag, 2005
- Scheitern. Von: Bernhard Sill, Gabriele Gien (Hrsg.), EOS Verlag, 2014

- Scheitern: Die Schattenseite des Daseins. Die Chance zur Selbsterneuerung. Von: Harald Pechlaner, Brigitte Stechhammer, Hans H. Hinterhuber (Hrsg.), Erich Schmidt Verlag, 2009
- Sein lassen. Heilung im Leben und im Sterben. Von: Stephen Levine, Kamphausen Verlag, 1997
- SPIEGEL. WISSEN, Heft 1/2015 (24.2.2015). Richtig scheitern. Von: Susanne Weingarten, Spiegel-Verlag
- Tonglen-Praxis. Meditationen zur Entwicklung von Mitgefühl. Von: Yesche U. Regel, mit CD, nymphenburger, 2016
- Überleben oder Scheitern. Die Kunst, in Krisen zu bestehen und daran zu wachsen. Von: Georg Pieper, Albrecht Knaus Verlag, 2012
- Verwandle Misserfolg in Erfolg. Gewinnen durch Verlieren. Von: Mariana Caplan, Verlag Via Nova, 2003
- Verwundet bin ich und aufgehoben. Für eine Spiritualität der Unvollkommenheit. Von: Pierre Stutz, Kösel Verlag, 2003
- Vom Nutzen ungelöster Probleme. Von: Dirk Baecker, Alexander Kluge, Merve Verlag, Berlin, 2003
- Wahren Frieden schaffen. Von: Thich Nhat Hanh, Goldmann Verlag, 2004
- Warum wir scheitern. Zum sinnvollen Umgang mit Misserfolgen. Von: Matthias Viertel, Lutherisches Verlagshaus, 2012
- Wenn alles zusammenbricht. Hilfestellung für schwierige Zeiten. Von: Pema Chödrön, Goldmann Verlag, 2001
- Zum Glück fehlt nur die Krise. Vom Scheitern und von neuen Chancen. Von: Luitgardis Parasie, Brunnen Verlag, 2009

- Gestalte dein Leben einfach neu! – Energetischer Impulsgeber zum Thema Alltagsführung
- Gesund für immer
- Glaube an Dich!
- Glücks-Gesetze
- GoldenWay Edition: Das Leben als Einweihungsweg
- GoldenWay Edition: Ihr Zauberstab Gedankenkraft
- Hilf dir selbst. Sei du selbst. Gesunde!
- Kausal-Training
- Leben im Überfluss, Die Zukunft selbst bestimmen
- Leben in der Gegenwart der Engel
- Liebst du mich auch? Energetischer Impulsgeber zum Thema Partnerschaft
- Nie mehr ärgern, bewusster leben
- Nie oder Jetzt! Aufbruch zur wahren Identität
- Out-Burn, Burn-out umkehren. Der Ausweg aus der Erschöpfungsfalle.
- Perlen der Weisheit
- Probleme adieu! Trainingsheft zur Konfliktbesänftigung
- Schreib Dein Leben um
- Selbstbewusst durchs Leben! – Energetischer Impulsgeber zum Selbstwert und Sicherheit
- Selbstheilungskräfte aktivieren
- Sinnfindung leicht gemacht! – Energetischer Impulsgeber zum Thema Bewusstwerdung
- Tepperwein Magazin der neuen Generation
- Tepperwein Magazin der neuen Generation 2
- Tepperwein Magazin: Wünsche & Träume mit Mental-Training verwirklichen
- Verwirklichung
- Wahre Freundschaft: Tierisch echt!
- Was wünscht du dir vom Leben?
- WEIH-NACHTEN
- Willkommen in der Leichtigkeit
- Willst du erfolgreich sein? – Leitfaden zu Reichtum und Erfolg
- Wunder vollbringen durch schöpferische Imagination
- Zeit halt, stehengeblieben! – Trainingsheft für ein gutes
- Zeitmanagement

FSC
www.fsc.org
MIX
Papier aus ver-
antwortungsvollen
Quellen
Paper from
responsible sources
FSC® C105338